Holt French
Level 2

Practice and Activity
Book

HOLT, RINEHART AND WINSTON
Harcourt Brace & Company

Austin • New York • Orlando • Atlanta • San Francisco • Boston • Dallas • Toronto • London

Writer

Jill Beede
Tahoma, CA 96142

Requests for permission to make copies of any part of the work should be mailed to: Permissions Department, Holt, Rinehart and Winston, Inc., 6277 Sea Harbor Drive, Orlando, Florida 32887-6777.

For permission to reprint copyrighted material, grateful acknowledgment is made to the following sources:

City Lights Books: "Déjeuner du matin" from *Paroles: Selected Poems* by Jacques Prévert, translated by Lawrence Ferlinghetti. Copyright © 1949 by Librairie Gallimard; translation copyright © 1958 by Lawrence Ferlinghetti.

Editions Charles Massin: Two photos and text from "Une petite ferme restaurée" by Frédérique Clément and floor plans from "Nichée dans les roses" by Sophie Moutiers from *Art et Décoration*, no. 231, November-December 1981. Copyright © 1981 by Editions Charles Massin.

Some material appears in the book from other HRW publications.

Photography credits

Abbreviations used: (l) left, (r) right.

80(r), Richard Hutchings/PhotoEdit; 80(l) R. Lucas/The Image Works

ALLEZ, VIENS! is a registered trademark of Harcourt Brace & Company.

Printed in the United States of America

ISBN 0-03-095141-0

5 6 7 8 9 021 99 98

Contents

1 Bon séjour!

■ MISE EN TRAIN

1 Tu te rappelles? Complète ce résumé d'**Une méprise.**

Patricia   impatiente   valise   méprise   voiture

bagages   Pamela   en retard   noire   petite   brune

Les Lepic sont _____ pour aller à l'aéroport. Sandra est impatiente. Quand ils arrivent,

M. Lepic reste dans la _____ pendant que Mme Lepic et Sandra vont chercher

_____ . M. Lepic voit une fille qui correspond à la description de Pamela : _____ ,

avec une jupe rouge et une grande valise _____ . Mais ce n'est pas elle, c'est

_____ . Quand Mme Lepic et Sandra arrivent avec Pamela, M. Lepic comprend sa

_____ . Patricia trouve Bertrand mais les Lepic partent avec la _____ de Patricia!

PREMIÈRE ÉTAPE

2 Lequel choisir?   Suzette is deciding who to go out with. She's intelligent and witty. She likes all types of music, especially classical music. She has a positive attitude and doesn't criticize others. She plays many sports and loves movies and dancing. Read the notes about the three boys who asked her out. Then, decide which boy is best suited for her and complete the paragraph explaining why.

Numéro 1 :
amusant, sportif, gourmand, pessimiste, aime le cinéma, n'aime pas la musique, n'aime pas danser

Numéro 2 :
intelligent, mentalité trop jeune, déteste le sport, adore danser, un peu embêtant, pas amusant

Numéro 3 :
semble sympa, parle un peu trop, aime toute musique, sportif, intelligent, pas gourmand

Je pense que Suzette devrait choisir le numéro ___trois___ parce qu'ils aiment tous

les deux ___musique___ . Ils sont tous les deux ___sportif___ . Comme elle, il fait

___intellegent___ . Le seul problème, c'est qu' ___il parle un peu trop___ .

3 Cherche correspondant(e)

a. Justine wrote an ad for the paper to find an American boy as a pen pal. Unfortunately, the person typing the ad made some mistakes. Can you find and correct the ten errors? Rewrite the ad, underlining the words you've corrected.

JG 15 ans, mignonne , ni grande ni petite,
intelligente, blonde , yeux bleues aime danser, le jazz,
le cinéma, déteste le sport. Ch. corr. JF americain , Bou 16 ans,
beau , sympa, pas gourmand , aime etudier

> JG 15 ans, mignon, ni grand ni petit, intelligent, blond, yeux bleus, aime danser, le jazz, le cinéma, déteste le sport. Ch. corr. JF américaine, 13 à 16 ans, belle, sympa, pas gourmande, aime étudier. JEC REF 23756

b. You've decided you would like to have a French pen pal. Write an ad, using the one shown here as a model.

_____
_____
_____
_____
_____

Guide des abbréviations :
J = jeune
F = fille
G = garçon
ch = cherche
corr = correspondant(e)
JEC = Journal d'Echanges Culturels
REF = référence

4 Une lettre d'amour When you and your French friend were going through her attic, you found an old love letter that contained a poem. Your friend said it must have been written by her great-grandfather to her great-grandmother. They used **vous** with each other then in the old-fashioned way. The poem had ink splotches all over it. Help your friend figure out the missing words.

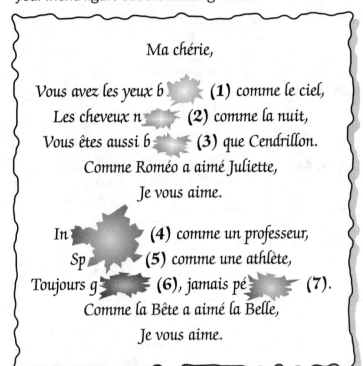

Ma chérie,

Vous avez les yeux b ⬛ **(1)** comme le ciel,
Les cheveux n ⬛ **(2)** comme la nuit,
Vous êtes aussi b ⬛ **(3)** que Cendrillon.
Comme Roméo a aimé Juliette,
Je vous aime.

In ⬛ **(4)** comme un professeur,
Sp ⬛ **(5)** comme une athlète,
Toujours g ⬛ **(6)**, jamais pé ⬛ **(7)**.
Comme la Bête a aimé la Belle,
Je vous aime.

1. b leu̓s ~~pisaros~~
2. n oir̓s
3. b elle
4. In telligente
5. Sp ortif
6. g entille
7. pé nible

5 Un malentendu Un journaliste t'interviewe, mais il est évident qu'il ne te connaît pas très bien. Corrige-le en lui donnant des informations exactes sur tes goûts et tes activités.

Exemple : On me dit que tu aimes le jazz.
   Mais non, pas du tout. Je n'aime pas le jazz. J'aime le rock!

1. On me dit que tu fais de la danse classique.
   Mais non, pas du tout. Je n'aime pas la danse classique. J'aime la danse salsa!

2. Tu joues de la clarinette, n'est-ce pas?
   Non, Je ne joue jamais de la clarinette. Je joues de la violin.

3. C'est vrai que tu aimes les bandes dessinées?
   C'est faux! Je n'aime pas les bandes dessinées. J'aime le roman.

4. C'est vrai que «Le lion roi»® est ton film préféré?
   Non! Mon film préféré est Le petite Siren!

Allez, viens! Level 2, Chapter 1

Practice and Activity Book 3

HRW material copyrighted under notice appearing earlier in this work.

6 Le nouveau Pour mieux connaître Rémi, le nouveau de la classe, ses camarades lui ont posé des questions. Peux-tu deviner ce qu'ils lui ont demandé en lisant les réponses de Rémi?

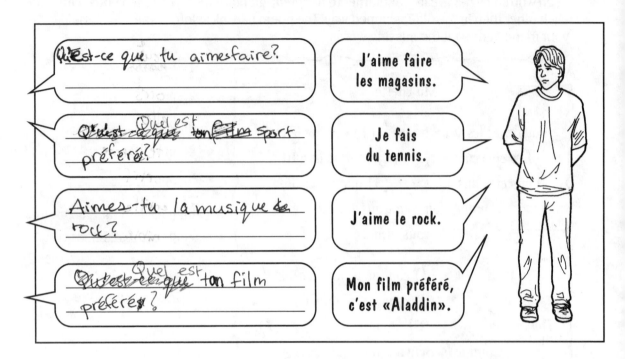

Questions	Réponses de Rémi
Qu'est-ce que tu aimes faire?	**J'aime faire les magasins.**
~~Qu'est-ce que~~ Quel est ton ~~film~~ sport préféré?	**Je fais du tennis.**
Aimes-tu la musique ~~de~~ rock?	**J'aime le rock.**
~~Qu'est-ce que~~ Quel est ton film préféré?	**Mon film préféré, c'est «Aladdin».**

7 Programme d'échanges Your family would like to host a foreign exchange student for the school year. The form the student filled out didn't have as much information as you'd like, so write six additional questions to send to the student, to help you and your family get to know him or her.

1. Quand est ton anniversaire?
2. Qu'est-ce que tu aime faire pour le weekend?
3. Tu aime l'école?
4. Qu'est-ce que tu aimes manger?
5. C'est vrais, tu es sportif?
6. Qu'est-ce que ton saison préférés?

8 Une personnalité agréable What is your best friend like? What activities does he or she participate in?

Mon meilleur amie, elle est gentille et tres belle et amusante. Elle a les yeux verts et les cheveux brunes et longs. Elle aime chanter et fait de la natation. Elle a un chien et un hamster.

■ DEUXIEME ETAPE

9 Mots croisés

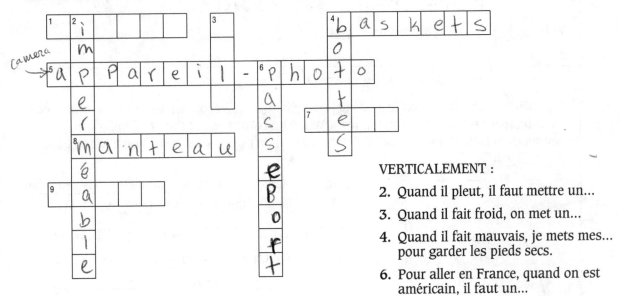

camera →

1. (down) i m p e r m é a b l e
4. (across) b a s k e t s
5. a p p a r e i l - p h o t o
6. (down) p h o t o s / a s s e p o r t
7. (across) t e s
8. m a n t e a u
9. (down) g a b l e

VERTICALEMENT :

2. Quand il pleut, il faut mettre un...

3. Quand il fait froid, on met un...

4. Quand il fait mauvais, je mets mes... pour garder les pieds secs.

6. Pour aller en France, quand on est américain, il faut un...

HORIZONTALEMENT :

1. Pour aller en Europe, on a besoin d'un... d'avion.

4. Pour faire du sport, comme chaussures, on met des...

5. Pour faire des photos, il faut avoir un...

7. Pour être confortable, on peut mettre un...

8. Quand on nage, on porte un... de bain.

9. Quand on a froid aux mains, on met des...

10 Les quatre saisons   When you arrive in France for your year abroad, you realize that you didn't bring enough clothing. You write home asking your family to send you one outfit for each season. Describe the outfits you'd like them to send. Make sure the adjectives agree with the nouns, and don't forget to include articles. You may want to refer to the list of clothing and colors on page 336 of your textbook.

1. Pour l'été, je voudrais _un short, une robe, des lunettes de soleil, et un tee-shirt vert._

2. Pour l'automne, je voudrais _un manteau rouge, un chemisier rose, un pantalon bleu, et un chapeau orange._

3. Pour l'hiver, je voudrais _un gros manteau, des chaussettes, des bottes, et un sweat shirt_

4. Pour le printemps, je voudrais _un jupe rose, un tee-shirt vert, une cravate et des sandals._

11 Le quatorze juillet You've been invited to go to an evening street dance on Bastille Day. You'd like to be as festive as possible. Decide what to wear, using the colors of the French flag: blue, white, and red.

Je vais porter _des bottes blancs, des un chemisier rouge, une cravate bleue, et un pantalon bleu_

12 Quel mauvais goût! You're working in a clothing store. A young man comes in and chooses something to wear to a fancy dinner party. When he comes out of the dressing room, you're totally shocked by his lack of taste. Tell him he shouldn't wear what he has on and suggest what he should wear instead.

Example: Mais non, monsieur! Ne mettez pas ce foulard. Mettez plutôt une cravate verte.

1. _Mais non, monsieur! Ne mettez pas ce manteau. Mettez plutôt une veste noire._

2. _Mais non, monsieur! Ne mettez pas ce tee-shirt. Mettez plutôt une chemise blanche._

3. _Mais non, monsieur! Ne mettez pas ce jean. Mettez plutôt un pantalon noir._

4. _Mais non, monsieur! Ne mettez pas ces bottes. Mettez plutôt des chaussures noir_

13 Alors, fais-le! You're visiting Paris with your friends. They aren't very decisive. When they tell you what they feel like doing, tell them to do it.

1. — J'ai envie de <u>mettre</u> un jean cet après-midi.
   — Alors, _Mets un jean cet après-midi!_

2. — Nous avons envie d'<u>aller</u> au musée.
   — Alors, _Allez au musée!_

3. — Nous avons envie d'<u>acheter</u> des cartes postales.
   — Alors, _Achetez des cartes postales!_

4. — J'ai envie de <u>prendre</u> mon appareil-photo.
   — Alors, _Prends ton appareil-photo!_

5. — J'ai envie de <u>prendre</u> une photo de la tour Eiffel.
   — Alors, _Prends une photo de la tour Eiffel!_

14 De bons conseils You've just come back after a year in France and you meet a student who's getting ready to go there for a year. Tell him or her what to bring. Use expressions such as **pense à prendre**, **n'oublie pas**, and **prends**.

1. Pour aller en France, _n'oublie pas ton appareil-photo, tes bottes,_ _ou tes lunettes de soleil._

2. Pour skier, _pense à prendre ton manteau et tes bottes._

3. Pour la pluie, _prends un imperméable, un chapeau, et_ _Un pantalon!_

4. Pour ta famille française, _n'oublie pas des photos et des_ _cadeaux._

5. Pour faire du sport, _pense à prendre des boules et des baskets._

6. Pour préserver tes souvenirs, _prends la sac et des scotches_

15 Le look américain Read the note your French pen pal wrote you asking for advice. Write back with suggestions for what he should wear.

> Au secours! Un ami m'a invité à une boum samedi. Il y a une fille super sympa que je veux connaître et je veux l'impressionner. Je veux avoir un «look» américain. Qu'est-ce que je mets? Écris-moi vite!

Pour cette boum, prends un tee-shirt vert, un _monteau bleu et gross, et des baskets. n'oublie_ _pas des lunettes de soleil et un jean bleu!_

Allez, viens! Level 2, Chapter 1

Practice and Activity Book **7**

HRW material copyrighted under notice appearing earlier in this work.

■ TROISIEME ETAPE

16 Méli-mélo   Remets cette conversation entre Roland et Charlotte dans le bon ordre.

> — Ah, non! Pas question! Je déteste faire les magasins. On pourrait aller au café plutôt.
>
> — Oui, ça va. Dis, tu veux aller au cinéma avec moi?
>
> — Ça, c'est une bonne idée!
>
> — Salut, Roland. Ça va?
>
> — Non, ça ne me dit rien. Je préfère faire les magasins. Ça te dit?

— Salut, Ronald. Ça va?

— Oui, ça va. Dis, tu veux aller au cinéma avec moi?

— Non, ça ne me dit rien. Je préfère faire les magasins. Ça te dit?

— Ah, non! Pas question! Je déteste faire les magasins. On pourrait aller au café plutôt.

— Ça, c'est une bonne idée!

17 Un week-end idéal   Fais une liste de cinq activités que tu vas faire ce week-end et dis à quelle heure tu vas les faire.

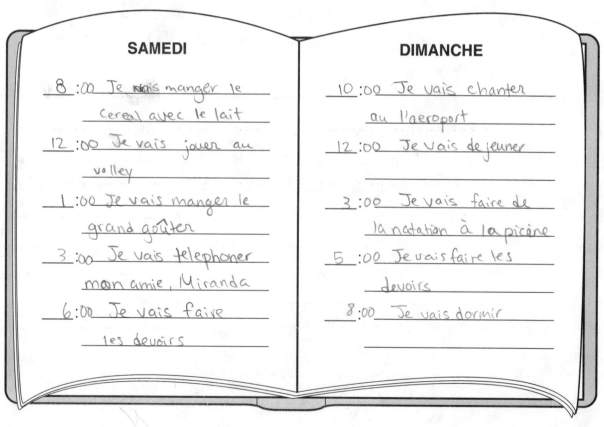

SAMEDI

8:00 Je vais manger le cereal avec le lait

12:00 Je vais jouer au volley

1:00 Je vais manger le grand goûter

3:00 Je vais telephoner mon amie, Miranda

6:00 Je vais faire les devoirs

DIMANCHE

10:00 Je vais chanter au l'aeroport

12:00 Je vais dejeuner

3:00 Je vais faire de la natation à la picône

5:00 Je vais faire les devoirs

8:00 Je vais dormir

18 Invitations It's Friday afternoon and everyone's making weekend plans. Respond to the following invitations, according to your weekend schedule in Activity 17.

Example: — Tu veux jouer au tennis dimanche soir? (Tu dois étudier.)
— Non, je ne peux pas.

1. — Si tu veux, on peut aller au restaurant samedi soir.

   Non, j'ai des trucs à faire

2. — Tu as envie d'aller danser samedi soir?

   Non, ça ne me dit rien.

3. — Ça te dit d'aller au théâtre ce soir?

   Non, j'ai des devoirs à faire

4. — On pourrait voir un film d'horreur dimanche après-midi.

   Non, je vais faire de la natation après-midi.

5. — Est-ce que tu veux faire une promenade samedi matin?

   Oui, bonne idée!

19 Une balade à Paris Ta famille française te propose un choix d'activités à faire à Paris. Choisis ce que tu voudrais faire par ordre de préférence.

Un restaurant marocain	Le Louvre
Une promenade en bateau-mouche	La cathédrale Notre-Dame
La tour Eiffel	Une promenade sur les Champs-Elysées
Les magasins	Un film au cinéma
Les galeries d'art	Un restaurant chinois
Un café célèbre	L'arc de Triomphe
Le centre Pompidou	Une promenade au jardin de Luxembourg

Exemple : D'abord, je voudrais faire les magasins.

1. D'abord, je voudrais aller au centre Pompidou.

2. Ensuite, je veux manger au café célèbre

3. Puis, je voudrais visiter le Louvre.

4. Après, je veux aller faire une promenade au jardin de Luxembourg

5. Enfin, je voudrais regarder un film au cinéma.

20 On va bien s'amuser! Complète cette lettre que ton ami(e) français(e) t'a écrite à propos de ta future visite en France.

J'ai beaucoup de projets pour ta visite en France. _D'abord_, je _voudrais_ te présenter à mes parents. _Ensuite_, on _pourrait_ voir le Sacré-Cœur; c'est une très belle église. Il y a des tas de choses à faire ici. On _peut_ prendre le bateau-mouche. Le Louvre, ça ne me dit rien; je n'aime pas beaucoup les musées. Je _préfère_ le cinéma; c'est beaucoup plus amusant. _Enfin_, la dernière semaine, on _pourrait_ aller voir les châteaux de la Loire. Ça _te dit_? En tout cas, on va bien s'amuser!

21 Ta réponse Maintenant, écris une réponse à la lettre de l'activité 20. Réponds aux suggestions de ton ami(e) et dis-lui ce que tu voudrais faire pendant ta future visite en France.

_____
_____
_____
_____
_____
_____
_____

22 On pourrait... Suggère à ton ami(e) trois activités que vous pourriez faire après l'école. Imagine ses réponses. Ecris votre conversation.

_____
_____
_____
_____
_____
_____
_____
_____
_____
_____
_____
_____
_____

■ LISONS!

23 Enfin arrivée!   Read the following letter written by an American student in France to her French teacher back home.

Saint-Laurent, le 10 octobre

Chère Madame Smith,
Je suis bien arrivée en France. Ma famille d'accueil m'attendait à l'aéroport et nous sommes tout de suite allés à Saint-Laurent, ma nouvelle petite ville. Il fait beaucoup plus froid ici que chez nous. J'ai bien fait d'apporter de gros pulls, des bottes et un manteau chaud. Je n'ai pas oublié mon appareil-photo. Je vais vous envoyer des photos à montrer à la classe.
Ma famille française est très gentille. M. Dupuis est instituteur à l'école maternelle du village. Il est grand et mince et il a trente-neuf ans. Mme Dupuis est petite avec de longs cheveux blonds. Elle est professeur de sciences nat. au lycée. Elle est très gentille. Guillaume a

neuf ans. Il est mignon, mais un peu pénible. Il aime jouer au foot et écouter du hard rock. Juliette a 17 ans comme moi. Elle a les cheveux bruns comme son père. Elle est grande et sportive. Elle est amusante. Elle fait du judo.
Le premier mois à l'école a été difficile pour moi. C'est très différent de chez nous. Nous avons beaucoup de devoirs tous les soirs. On va à l'école de 8h à 5h le lundi, mardi, jeudi et vendredi, et de 8h à midi le mercredi et le samedi. J'ai six heures de philosophie par semaine! Le mercredi après-midi, on fait du sport à la MJC. Le samedi soir, je fais du judo avec Juliette. C'est chouette!
Dites bonjour pour moi à toute la classe. A bientôt.

Jennifer

a. Answer the following questions in English and find one or two sentences from Jennifer's letter that support your answers.

1. What is the climate like where Jennifer is living? _____

_____

2. What profession do Mr. and Mrs. Dupuis have in common? _____

_____

3. When does Jennifer do sports? _____

_____

4. What is Jennifer going to send her teacher? _____

_____

b. What differences are there between Jennifer's French school and schools in the United States?

_____

_____

_____

■ PANORAMA CULTUREL

24 France-Amérique

Etienne Lesage

Kim Richards

Sometimes it's quite surprising for us Americans, when we first arrive in France, to see how our culture has influenced the French. Many French people wear American clothing, listen to American music, watch American soap operas and films, shop in supermarkets, eat in fast-food restaurants, and use English words frequently. At the same time, we hear them criticize American foreign policy, our educational system, speak of how "undisciplined" we are, or point out America's high crime rate.

Rewrite the paragraph from the French point of view.
Sometimes it's quite surprising for us French, when we first arrive in America, to see how our culture has influenced theirs.

_____

_____

_____

_____

_____

_____

_____

_____

_____

_____

CHAPITRE 2

Bienvenue à Chartres!

■ MISE EN TRAIN

1 Bienvenue! Annick is welcoming Monique, an exchange student, to her house. What does she say in each of the following situations? Circle the letter of your choice.

1. **a.** Ça, c'est la salle de bains.
   b. C'est sympa ici.
   c. Bienvenue chez nous.

2. **a.** Ça, c'est ta chambre.
   b. Voici notre maison.
   c. Voilà le salon.

3. **a.** Bienvenue chez nous.
   b. Ça, c'est la salle à manger.
   c. Ça, c'est l'entrée.

■ PREMIERE ETAPE

2 Tu ou vous?   Est-ce que tu utilises **tu** ou **vous** pour t'adresser aux personnes suivantes?

tu	vous	
✓		1. ton meilleur ami (ta meilleure amie)
	✓	2. le père d'un copain
	✓	3. ta mère
✓	✓	4. deux camarades de classe
	✓	5. une vendeuse au supermarché
✓		6. ton chien

3 Qui parle?   Lis les dialogues suivants et dis qui parle.

_b_ 1. — Bienvenue chez moi. Tu as fait bon voyage?
— Bof, c'était fatigant.
— Alors, entre. Tu n'as pas soif?
— Si, j'ai très soif.
— Fais comme chez toi. Je vais chercher de l'eau.
— Merci.

_a_ 2. — Bienvenue chez nous. Vous avez fait bon voyage?
— Oui, excellent.
— Faites comme chez vous.
— Merci, c'est gentil de votre part.
— Il est déjà midi. Vous n'avez pas faim?
— Si, un peu.

_c_ 3. — Bienvenue chez nous. Tu as fait bon voyage?
— Oui, mais c'était fatigant.
— Fais comme chez toi.
— Merci, c'est gentil de votre part.
— Tu n'as pas soif?
— Si, très soif.

a) deux adultes qui ne se connaissent pas très bien

b) une femme et une jeune fille

c) deux amies

4 L'hôte ou l'invité?   Would these remarks be made by a host/hostess or a guest?

Tu n'as pas faim?   Vous n'avez pas soif?   C'est gentil de ta part.   Tu as fait bon voyage?

Je suis crevé(e).   J'ai très soif.

Fais comme chez toi.   C'était fatigant!

Bienvenue chez moi.   Pas trop fatigué(e)?   Je meurs de faim.

HOST OR HOSTESS:
Tu n'as pas faim?
Bienvenue chez moi.
Fais comme chez toi.
Vous n'avez pas soif?
Tu as fait bon voyage
Pas trop fatiguée?

GUEST:
C'était fatigant!
Je suis crevée.
C'est gentil de ta part.
J'ai très soif.
Je meurs de faim

CHAPITRE 2 Première étape

5 Quel voyage! Complète cette conversation entre Sylvie et son amie Michèle.

— _Bienvenue_ , Sylvie. Tu as fait _bon voyage_ ?

— Oui, _excellent_ .

— Alors, entre. Fais comme _chez toi_ .

— C'est _gentil_ de ta part.

— Pas trop _fatiguée_ ?

— _Oui_ , je suis crevée.

— Tu n'as pas _faim_ ?

— Non, mais j'ai très soif.

— Bon, tu veux une limonade?

— Oui, je veux bien.

6 A toi Ecris une conversation entre ces deux personnes.

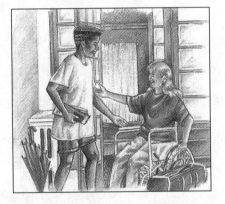

— Beinvenue, Marie! Tu as fait bon voyage?

— Oui, excellent.

— Bienvenue chez moi! Fais comme chez toi.

— C'est gentil de ta part.

— Pas trop faim?

— Oui, je meurs de faim! J'ai très soif aussi.

— Bon, tu veux un limonade et un sandwich au saucisson?

— Oui, je veux bien! Merci beaucoup!

■ DEUXIEME ETAPE

7 Devinette Can you guess the words from these clues?

1. ___d___ On y met des livres.
2. ___e___ On y met la voiture.
3. ___c___ On y prépare les repas.
4. ___f___ Quand on a des invités, on y dîne.
5. ___b___ On y trouve un lit.
6. ___a___ On y met ses vêtements.

a. l'armoire
b. la chambre
c. la cuisine
d. les étagères
e. le garage
f. la salle à manger

8 Une maison à louer You're looking for a vacation home to rent near Chartres. The realtor sent you this floor plan. Look at the plan and answer the questions that follow in English.

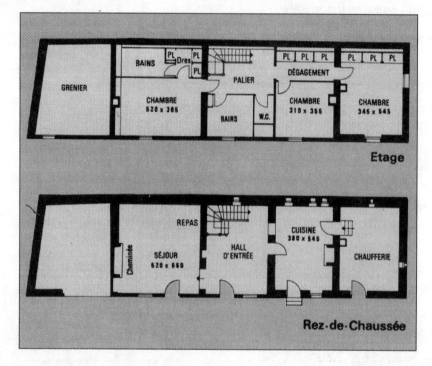

1. How many floors does this house have?
   the house has two floors

2. How many bedrooms are there? On which floor are they located?
   Three bedrooms on the second floor

3. Can you guess what the **séjour** is? How do you know?
   The living room (looks like there is a fireplace its off the entry room)

4. Where are the bathrooms located?
   Second floor by the stairs

5. What do you think the **grenier** is?
   a greenhouse?

6. Can you guess what is located in the **chaufferie**? How do you know?
   The basement to add to ends, since you go down a level together

9 C'est où?
Tell where these rooms of the house are located relative to the rooms given in parentheses. Use the floor plan of the house in Activity 8.

1. le hall d'entrée (la salle de séjour/la cuisine)

   le hall d'entrée est entre le salle de séjour et la cuisine.

2. la chambre 310 x 355 (la chambre 345 x 545)

   la chambre 310 x 355 est à côté de la chambre 345 x 545

3. la chaufferie (la cuisine)

   la chaufferie est près de la cuisine

4. la cheminée (la salle de séjour)

   la cheminée est dans la salle de séjour

5. les W.-C. (la cuisine)

   les W.-C. est loin de la cuisine.

dans in, ...
loin de far
près de near
à côté de next to
entre between

10 On est où?
Marie-Claire's family is busy all over the house! As she tells you what everyone's doing, guess in which room you would most likely find each person.

1. Mon père fait la vaisselle et ma mère prépare le déjeuner.

   la cuisine

2. Mon chat Filou est sur mon lit.

   la chambre

3. Ma sœur Gisèle regarde la télé.

   le salon

4. Mon frère Norbert tond le gazon.

   le jardin

5. Mon frère André prend son petit déjeuner.

   le salle à manger

11 Ça, c'est...
Your friend Paul wants to compliment his host family's house, but he's not sure what to say. Help him out by completing each compliment below with the correct form of an appropriate adjective. Use each adjective only once.

1. Ça, c'est une très ___chouette___ chambre.
2. Ils sont vraiment ___super___, ces posters.
3. Elle est vraiment ___cool___, ta chaîne stéréo.
4. J'adore ce tapis. Il est super ___génial___.
5. Vous avez un très ___grand___ jardin!
6. Elle est ___joli___, cette armoire.

*beau   chouette
joli   super   cool
grand   génial*

CHAPITRE 2 Deuxième étape

12 Réponses à tout Comment est-ce que la famille de Paul peut répondre aux compliments dans l'activité 11?

C'est vrai?

C'est gentil!

Tu trouves

13 La chambre de Patricia Help your classmate Patricia rewrite her essay so that the sentences flow more smoothly. Replace some of the nouns with pronouns and link sentences with connecting words.

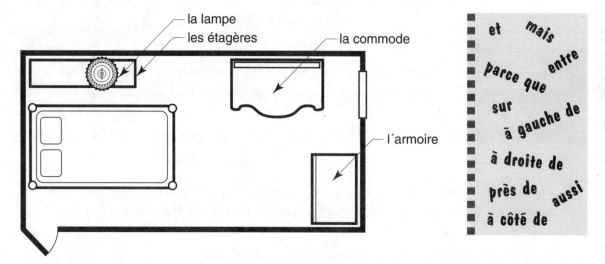

la lampe
les étagères
la commode
l'armoire

et mais
parce que entre
sur
à gauche de
à droite de
près de
à côté de aussi

Dans ma chambre, il y a un lit. Le lit est petit. Il y a des étagères. Il y a une lampe. La lampe est très vieille. J'adore la lampe. Il y a une commode. La commode est marron. La commode est grande. J'ai une armoire. J'ai beaucoup de vêtements. J'ai trois posters de Roch Voisine. J'adore la musique de Roch Voisine. J'ai une chaîne stéréo. J'ai beaucoup de cassettes. Je n'ai pas de télévision.

Dans ma chambre, il y a un petit lit. Il y a un lampe sur des étagères. Il y a une commode à droite des étagères. Il est marron et grande. Près de la commode, il y a une armoire. J'ai beaucoup de vêtements. Dans ma chambre, j'ai trois posters de Roch Voisine. J'adore la musique de Roch voisine. J'ai une chaîne stéréo aussi, et beaucoup de cassettes, mais je n'ai pas de télévision.

14 Chez toi Imagine ta maison idéale, puis réponds aux questions suivantes.

1. Où est ta maison idéale?

   Ma maison idéale est à Seattle

2. De quelle couleur est-ce qu'elle est?

   Ma maison est orange

3. Elle a combièn d'étages?

   Elle y a deux étages

4. Combien de chambres est-ce qu'il y a dans ta maison idéale?

   Elle y a trois chambres.

5. Combien de salles de bains est-ce qu'il y a dans ta maison?

   Elle y a deux salles de bains

6. Est-ce qu'il y a une salle à manger ou est-ce que tu manges dans la cuisine?

   Je mange à ma cuisine manger

7. Comment est le jardin?

   Mon jardin est grand et beau!

15 Ma maison idéale Décris ta maison idéale en un paragraphe. Tu peux utiliser tes notes de l'activité 14. Tu peux aussi faire un plan de ta maison et y écrire le nom des pièces en français.

Ma maison idéale est à Seattle. Elle est orange et blanche. Il y a deux etages. Dans le premier étage, elle y a deux chambres, les W.-C., une salle de bains et le balcon. Dans le rez-de-chaussée, elle y a une chambre, une salle de bains à côté des W.-C., une grande cuisine, et un salon. Mon jardin est grand et beau aussi.

■ TROISIEME ETAPE

16 Le jeu des C Trouve les six endroits de la ville qui contiennent un **C** dans leur nom.

Pis**c**ine
Ly**c**ée
cathédrale
Par**c**
terrain de **c**amping
offi**c**e de tourisme

17 En ville Complète les phrases avec **à la, au, à l'** ou **aux**.

1. On emprunte des livres __à la__ bibliothèque.

2. On va __au__ terrain de camping.

3. On peut dormir __à l'__ auberge de jeunesse.

4. On peut voir des sculptures et des peintures __au__ musée.

5. On étudie le français __au__ lycée.

6. On peut poster des lettres __à la__ poste.

18 Devine! Ton amie Marion te dit ce que tes camarades de classe font cet après-midi. Devine où ils sont.

> Exemple : — Joëlle achète un billet de train.
> — Elle est à la gare?

1. — David cherche un livre pour sa classe d'histoire.
   Il est à la bibliotheque?

2. — Pédro voit une pièce.
   Il est au théâtre?

3. — Julie fait un pique-nique.
   Elle est au parc?

4. — Vanessa achète des timbres.
   Elle est à la poste?

5. — Bryan nage.
   Il est à la piscine?

6. — Claire voit des peintures et des sculptures.
   Elle est au musée?

19 Oui ou non?
Ton ami(e) veut savoir où sont certains monuments. Réponds à ses questions en utilisant le plan suivant.

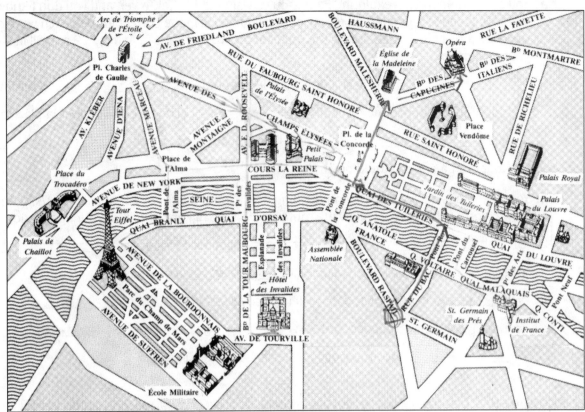

1. L'Opéra est près de l'Arc de Triomphe, non?

   Non, l'Opéra est loin de l'Arc de Triomphe.

2. Est-ce que la tour Eiffel est loin du palais de Chaillot?

   Non, la tour Eiffel est en face du palais de Chaillot.

3. Le jardin des Tuileries est entre la tour Eiffel et la place de la Concorde, c'est ça?

   Non, le jardin des Tuileries est entre la place de la Concorde et le palais du Louvre.

4. Est-ce que l'église de la Madeleine est loin de l'Opéra?

   Non, l'église de la Madeleine est près de l'Opéra.

20 Où vas-tu?
Tu es sur la place Charles de Gaulle. D'après les indications suivantes et le plan de Paris de l'activité 19, quelle est ta destination?

1. Prends l'avenue des Champs-Elysées. Tourne à droite dans l'avenue Roosevelt. Traverse le pont des Invalides et le quai d'Orsay. Continue tout droit sur le boulevard de la Tour Maubourg. C'est à gauche, juste avant l'avenue de Tourville.

   L'Hôtel des Invalides

2. Prends l'avenue Marceau jusqu'à la place de l'Alma. Traverse la place de l'Alma et prends le cours la Reine. Après la place de la Concorde, prends le quai des Tuileries. Tourne à droite sur le pont du Carrousel, puis à gauche sur le quai Malaquais. C'est tout droit après le pont des Arts.

   L'Institut de France.

21 Visitons Paris!

a. You and your friend are exploring Paris. You've visited the Eiffel Tower, and you don't know where to go next. A gentleman gives you directions. Fill in the correct form of each verb in the directions below. Then, follow the route on the map of Paris in Activity 19 and fill in your destination.

_____Tournez_____ (Tourner) à droite sur le quai Branly. _____Continuez_____ (Continuer) tout droit jusqu'au pont de l'Alma. _____Traversez_____ (Traverser) le pont et la place de l'Alma et _____prennez_____ (prendre) l'avenue Marceau. _L'Arc de Triomphe_ est tout droit à environ un kilomètre.

b. Your friend has decided where you're going next. Complete his or her directions, using the correct form of the verbs. Follow the route on the map of Paris and fill in your destination.

On _____prends_____ (prendre) l'avenue des Champs-Elysées. On _Traverse_ (traverser) l'avenue Roosevelt et on _____continue_____ (continuer) tout droit. On _____tourne_____ (tourner) à droite à la place de la Concorde et on _____prends_____ (prendre) le quai des Tuileries. On _____vas_____ (aller) tout droit. _Le Palaise du Louvre_ est sur la gauche après le jardin des Tuileries.

22 Tu prends...

Ton ami(e) va arriver à Paris dans un mois et vous avez pris rendez-vous à l'Opéra. Il/Elle va dormir dans un hôtel boulevard Raspail, en face du boulevard Saint-Germain. Ecris-lui une carte postale pour lui expliquer comment aller de son hôtel à l'Opéra.

Prends le rue de Bac. Continue tout droite. Tourne à gauche sur le quai des Tuileries. Traverse la place de la Concorde. Continue tout droite jusqu'au Église de la Madeleine. Tourne à droite à la capucines Italiens. L'Opéra est sur le gauche dans la Capucines Italiens.

22 Practice and Activity Book

Allez, viens! Level 2, Chapter 2

HRW material copyrighted under notice appearing earlier in this work.

▪▪ LISONS!

23 Maison à vendre   Lis l'annonce, puis réponds aux questions suivantes.

UNE PETITE FERME RESTAURÉE

C'est sur la côte du Léon, pays breton situé aux confins du Finistère, que cette ancienne ferme de village fut construite au début du siècle dernier.

Achetée il y a cent ans par le grand-père de M. X, elle a toujours vu vivre sous son toit une nombreuse famille. Une quarantaine de convives se réunissaient bien souvent autour de l'immense table, installée dans la plus grande pièce du rez-de-chaussée qui sert toujours de salle à manger. M. et Mme X ont voulu y conserver cette chaude atmosphère familiale qui en fait le charme, et c'est avec ce souci principal que Mme X a conçu la restauration et la décoration de la maison.

Un grand soin a notamment présidé à l'aménagement de la salle commune, autour de laquelle s'organise toute la vie. Ses deux grandes cheminées face à face procurent un confort qui n'est pas sans agrément lorsque soufflent les rudes tempêtes finistériennes.

Restaurée dans cet esprit avec beaucoup de goût, en évitant au maximum les concessions au modernisme, cette petite ferme de la côte bretonne a su conserver son réel cachet d'autrefois.

Frédérique Clément

1. What is this article about?

   _____

2. How old is the house?

   _____

3. Where is it located?

   _____

4. Who bought the house? When?

   _____

5. In what condition is the house?

   _____

6. What is the largest room on the ground floor?

   _____

7. Would you like to live in this house? Why or why not?

   _____

   _____

   _____

■ PANORAMA CULTUREL

24 L'habitat français

a. Answer the following questions in English.

1. One of your friends is going to France to visit a pen pal. What are three or four differences he or she might expect to find in French houses?

   _____

   _____

   _____

   _____

2. In what ways might your French pen pal's bedroom be different from yours? Mention three or four differences.

   _____

   _____

   _____

b. Your classmate Priscilla is spending a semester in France. Read the note that she wrote to you. Then, answer the questions below.

> My host family's house is really nice. I've told them how much I like everything, but they seem to think I'm being insincere. Every time I compliment something in their house, they answer with something like "Tu trouves?" or "C'est vrai?" Why don't they believe my compliments?
>
> Love,
> Priscilla

1. Is Priscilla correctly interpreting her host family's reaction to her compliments? Why or why not?

   _____

   _____

2. What are some expressions that Priscilla should use to respond to any compliments she receives while she's in France?

   _____

   _____

CHAPITRE 3

Un repas à la française

■ MISE EN TRAIN

1 Bon appétit! Martin is preparing for his first dinner with his host family. Complete each of his conversations by circling the letter of your choice.

1. **a.** Je voudrais une tarte aux pommes, s'il vous plaît. C'est combien?

   b. C'est délicieux!

   c. Je voudrais un kilo de pommes.

2. **a.** C'est une surprise.

   b. Pourquoi est-ce que tu ne lui achètes pas des fleurs?

   c. Ça fait combien?

3. **a.** On peut en acheter.

   b. Oui, je veux bien.

   c. Bon appétit.

CHAPITRE 3 Mise en train

■ PREMIERE ETAPE

2 A l'épicerie   Que dit-on dans les situations suivantes?

1. Tu veux savoir le prix des pommes. Que dis-tu?

   Des pommes, c'est combien?

2. Le vendeur veut savoir combien de tomates tu veux. Que dit-il?

   Je combien en voulez-vous?

3. Tu as besoin d'un kilo de bananes. Que dis-tu au vendeur?

   Je vais prendre un kilo de bananes.

4. Ton ami veut savoir le prix total de ses achats. Que dit-il au vendeur?

   Ça fait combien?

3 Devinettes   Can you solve the following riddles? What foods do they suggest?

1. On me sert comme plat principal, mais je ne suis ni un poisson, ni un légume. Je suis ____

   une viande .

2. On me fait avec du lait et du chocolat. On me boit chaud, souvent le matin. Je suis ____

   le chocolat-chaud .

3. On me sert à la fin du repas, avant le dessert. Je suis très populaire en France. Quelquefois, je m'appelle brie ou camembert. Je suis _le fromage_ .

4. On m'achète à la boulangerie. Les Français adorent me servir au petit déjeuner. Je suis ____

   ~~les baguettes~~ des croissants .

5. Je vis dans la mer. Je suis petite et rose et je suis très bonne à manger! Je suis ____

   des crevettes. .

4 Maintenant, à toi!   Ecris une devinette. N'oublie pas de donner la réponse.

Je peux être trouvé à la charcuterie. Je suis la viande, mais je coupai. Je peux être mangé sur la baguette pour le ~~petit~~ déjeuner.

Je suis du pâté

5 Faisons les courses!   Write the French name for each of these foods under the name of the shop where you would expect to find it. Then, add another food you would expect to find in each shop.

LA CHARCUTERIE	LA BOULANGERIE	LA CREMERIE	LA BOUCHERIE
le saucisson	des baguettes	le fromage	un poulet
le jambon	des croissants	des oeufs	un bifteck
	des pains au chocolat	du beurre	un rôti du boeuf

6 On en a... ? You and your friend Céline are preparing a dinner for a few friends. As she writes the shopping list, she asks you about certain items. Answer her questions, using the cues in parentheses and the pronoun **en.**

Example: — Est-ce qu'il faut du lait? (pas besoin)
— Non, on n'en a pas besoin.

1. — On a du pain? (oui)
— Oui, on en a

2. — Est-ce qu'on a du jambon? (non)
— Non, on n'en pas ~~besoin~~

3. — On achète des escargots? (non)
— Non, on n'en achète

4. — Est-ce qu'il faut du fromage? (pas besoin)
— Non, on n'en pas besoin

5. — Et on a de l'eau minérale? (oui)
— Oui, on en a

7 Combien faut-il? You agreed to pick up some groceries for your French host's mother. She gave you a shopping list and 100 F. Figure out the total for the purchases on your list.

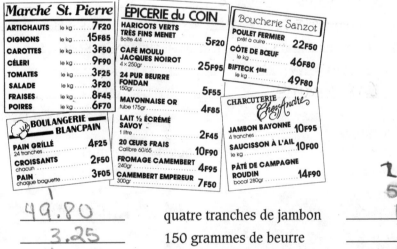

un kilo de bifteck	49.80
un kilo de tomates	3.25
deux baguettes	6.10
	59.15

quatre tranches de jambon	10.95
150 grammes de beurre	5.55
deux kilos de fraises	16.90
Total =	92.55

How much change will you receive? 7F45

Side calculations: 2 2 1 / 59.15 / 10.95

8 Les petits commerçants What do you call the different shops and shopkeepers in French? Fill in the blanks in this chart.

Le magasin	Les commerçant(e)s	
la _pâtisserie_	le pâtissier	la pâtissière
la charcuterie	le charcutier	la _charcutière_
la crémerie	le _crémier_	la crémière
la boulangerie	le _boulangier_	la boulangère
la _~~poissonnerie~~ boucherie_	le boucher	la bouchère

9 La rue principale Michel's going shopping this afternoon and he doesn't have much time. Write down the order in which he should go to the different shops and tell what he will buy there, according to his list.

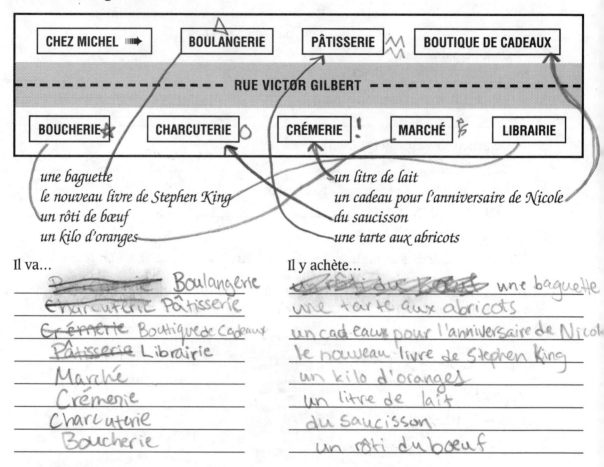

| CHEZ MICHEL ▬▶ | BOULANGERIE | PÂTISSERIE | BOUTIQUE DE CADEAUX |

— — — — — — — — RUE VICTOR GILBERT — — — — — — — —

| BOUCHERIE | CHARCUTERIE | CRÉMERIE | MARCHÉ | LIBRAIRIE |

une baguette
le nouveau livre de Stephen King
un rôti de bœuf
un kilo d'oranges

un litre de lait
un cadeau pour l'anniversaire de Nicole
du saucisson
une tarte aux abricots

Il va...

Il va...	Il y achète...
~~Boucherie~~ Boulangerie	~~Rôti du bœuf~~ une baguette
~~Charcuterie~~ Pâtisserie	une tarte aux abricots
~~Crémerie~~ Boutique de Cadeaux	un cadeaux pour l'anniversaire de Nicole
~~Pâtisserie~~ Librairie	le nouveau livre de Stephen King
Marché	un kilo d'oranges
Crémerie	un litre de lait
Charcuterie	du saucisson
Boucherie	un rôti du bœuf

10 Le marché Imagine the conversation that is taking place between the people in the photo below.

Ça fait combien?   Je vais prendre...

Je voudrais...   Combien coûte/coûtent... ?   C'est tout?

Combien en voulez-vous?

_____
_____
_____
_____
_____
_____
_____
_____

■ DEUXIEME ETAPE

11 Pour quel repas?   Madame Riard is preparing the menus for Saturday and Sunday. Which dishes are for breakfast and which are for lunch or dinner?

a. petit déjeuner   **b.** déjeuner ou dîner

1. omelette au fromage, frites ___a___
2. café au lait ___a___
3. saucisson sec ___b___
4. salade verte ___b___
5. croissant, beurre, confiture ___a___

6. poulet, haricots verts ___b___
7. plateau de fromages ___b___
8. céréales ___a___
9. tarte aux abricots ___a___
10. fruits ___b___

12 Méli-mélo!   Julie has invited her friend Aïssata to dinner. Unscramble their table talk by numbering the lines in the correct order.

___5___ — Oui, je veux bien. Il est délicieux!

___1___ — Tu pourrais me passer le pain aussi?

___4___ — Encore du poulet?

___6___ — C'est gentil.

___3___ — Merci. Ça va.

___2___ — Voilà. Tu veux encore des frites?

13 Une rédaction   Joanne is writing an essay about what she likes to order when she goes out to eat. Complete her description with the correct partitive article: **du, de la, de l', des** or **de.**

Moi, ce que j'aime surtout, c'est aller manger au restaurant. Quand j'y vais, je choisis d'abord l'entrée. En général, je prends une assiette de crudités ou __du__ soupe. Je ne mange jamais __de la__ viande, alors comme plat principal, je commande souvent __du__ poisson ou __du__ fruits de mer. Ce que je préfère, c'est les crevettes. J'adore aussi les légumes. Au restaurant, on sert souvent __du__ pommes de terre, mais d'habitude, je prends __des__ haricots verts ou __des__ épinards. Ce que je n'aime pas comme légume, c'est le chou-fleur. Après, il y a __de la__ salade, mais je n'en prends pas parce que je n'aime pas trop ça. Pour finir, je prends toujours un dessert. J'adore les pâtisseries, mais parfois je prends plutôt __de la__ glace.

CHAPITRE 3 Deuxième étape

14 Au café You're interviewing some French people about their eating habits. Unfortunately, the background noise is so loud you can't hear every word. Fill in your notes below with the correct form of the partitive article or the indefinite article.

1. Je vais à la pâtisserie pour acheter ____des____ tarte aux fraises.

2. Quand je passe à la crémerie, j'achète ____des____ œufs et ____du____ lait.

3. Pour le dîner, je vais faire ____des____ œufs avec ____du____ jambon et ____du____ fromage.

4. Ce soir, je prépare ____du____ poulet et ____des____ haricots verts.

5. Pour le goûter, j'adore manger ____du____ pain au chocolat et ____du____ chocolat chaud.

15 A table You're having dinner with your French family. As they offer you food or a beverage, accept some and politely refuse others. If you accept a second helping, compliment the dish!

1. — Tu veux encore de l'eau minérale?
   — ___Merci, ça va___

2. — Encore du pâté?
   — ___Non, je n'ai plus faim___

3. — Tu veux encore du poulet?
   — ___Oui, je veux bien. C'est delicieux!___

4. — Encore des épinards?
   — ___Oui, je veux bien. C'est délicieux!___

5. — Tu veux du fromage?
   — ___Oui, je veux bien___

16 Vous avez choisi? You're going to a traditional French restaurant for dinner. Tell what you're going to have for each course of the meal. You might use the menu on page 62 of your textbook for additional ideas.

ENTRÉE
Soupe à l'oignon
Escargots
Jambon fumé
Artichaut à la vinaigrette

PLAT PRINCIPAL
Poulet à la crème
Saumon sauce hollandaise
Côtelettes de porc grillées

LÉGUME
Carottes au beurre
Pommes frites
Petits pois au jambon

SALADE VERTE

FROMAGE
ou
DESSERT
Tarte aux fraises
Glace (au chocolat, à la vanille)

Service 15% Compris

Comme entrée, je vais prendre _le soupe de l'oignon._ _Puis, je vais prendre le poulet à la crème. Comme légume, je vais prendre les carottes au beurre. Enfin, je veux prendre le fromage._

17 Dis-moi ce que tu manges...

They're talking about American eating habits in your pen pal's English class, so your pen pal is doing some research. Answer his or her questions about what you and your friends eat.

1. Qu'est-ce qu'on prend au petit déjeuner?

   Nous prennons les croissants avec du beurre ou de la confiture.

2. A quelle heure est-ce qu'on déjeune?

   Nous déjeunons à douze heures.

3. Qu'est-ce qu'on prend?

   Je prends le sandwich au saucisson avec les frites, et un limonade

4. A quelle heure est-ce qu'on dîne?

   Nous dînons à six heures.

5. Où est-ce qu'on dîne? Dans la salle à manger? Devant la télé?

   Je mange avec mon famille dans le cuisine.

6. Qu'est-ce qu'on mange?

   _Nous mangeons le poulet avec du beurre, et des petite pois
   et des pomme de terres_

18 Cher copain (Chère copine)

Maintenant, utilise tes réponses de l'activité 17 et les expressions ci-dessous pour écrire une lettre à ton/ta correspondant(e) à propos de ce que tu aimes manger en général.

| mais | et | d'habitude | quelquefois | ne... jamais | toujours |

_En des Etates Uni, On prend les croissants ou des céréales
avec du lait au petit déjeuner, à À douze heres, on
déjeune. On mange le sandwich au sauccisson avec les
frites quelquefois. On dîne d'habitude à six heures et demie.
On mange toujours le poulet ou le viande ou le poisson.
Quelquefois, je mange le poulet avec du beurre, et des petite
pois et des pomme de terres. On ne mange jamais
des escargots!_

Allez, viens! Level 2, Chapter 3

Practice and Activity Book 31

HRW material copyrighted under notice appearing earlier in this work.

CHAPITRE 3 Deuxième étape

■ TROISIEME ETAPE

19 **L'invitation surprise**   Tu viens de recevoir cette invitation à une fête. Lis-la et réponds en anglais aux questions ci-dessous.

Réveillon du Nouvel An

Joignez-vous à nous pour une promenade en bateau-mouche sur la Seine le 31 décembre.

Départ à 22 heures

Rendez-vous : allée des Cygnes, sous le pont de Grenelle

Repas surprise préparé par un grand cuisinier parisien

Prière de répondre avant le 15 décembre : LA FAMILLE MARTIN • 47.01.56.12

---

1. Who sent the invitation?
   The Martin Family

2. What is it an invitation to do?
   Celebrate New Years Eve ~~by working~~ On a boat on the Seine + eat a big meal

3. When?
   _8:00 pm_

4. Where will you meet?
   At allée des Cygnes

5. What is the occasion?
   New Years Eve

20 **Les cartes de vœux**   You've received these cards from your French pen pal over the last year. What message did he write on each one?

Joyeux Noël   _Bonne route_   _Bonne anée_   _Joyeux anniversaire_

21 **Quel cadeau?**   Quel cadeau est-ce que tu achètes à...

1. quelqu'un qui adore le chocolat?
   une boîte de chocolats

2. quelqu'un qui a un grand jardin plein de fleurs?
   ~~un paquet de graines~~ un vase

3. quelqu'un qui prend toujours des photos?
   ~~un cadre~~ un joli album de photos

4. quelqu'un qui aime porter des vêtements très chic?
   le sac à main

5. quelqu'un qui fait souvent du sport?
   des baskets

6. quelqu'un qui aime écouter de la musique?
   _un CD_

22 Dans une boutique de cadeaux

You're working in a gift shop, putting price tags on the merchandise. Match each gift with its description and price.

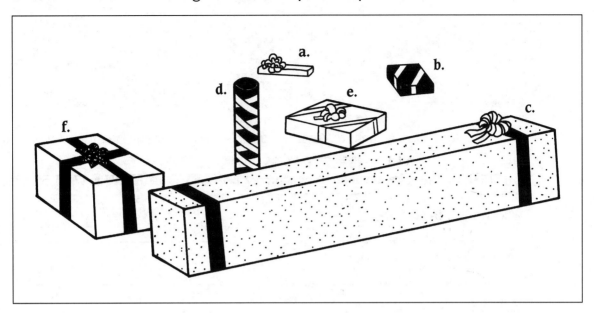

___b__ 1. un cadre 45 F

___e__ 2. un portefeuille 270 F

___f__ 3. un sac 350 F

___c__ 4. un traversin 179 F

___a__ 5. un stylo 59 F

___d__ 6. un vase 150 F

23 Qu'est-ce que je fais?

Michèle is asking her friend Paul for advice about what to buy her friends and family for the holidays. Complete their conversation with **lui** or **leur**.

1. — Qu'est-ce que je pourrais offrir à ma meilleure amie?

   — Tu pourrais _____leur_____ offrir un pull-over.

2. — Tu as une idée de cadeau pour mes frères?

   — Offre-_____lui_____ des tee-shirts.

3. — Tu as une idée de cadeau pour ma mère?

   — Offre-_____leur_____ une boîte de chocolats.

4. — Qu'est-ce que je vais offrir à mon père?

   — Offre-_____lui_____ un portefeuille.

5. — Qu'est-ce que je pourrais offrir à mon grand-père?

   — Tu pourrais _____lui_____ offrir des gants.

6. — Je ne sais pas quoi offrir à mes copains. Tu as une idée?

   — Offre-_____lui_____ des bonbons.

7. — Qu'est-ce que je vais offrir à mon prof de français?

   — Tu pourrais _____leur_____ offrir un cadre avec une photo de toi.

HRW material copyrighted under notice appearing earlier in this work.

24 Tu as une idée?

Monique isn't sure what gifts to get for her friends and family, so she asks your advice. Give your opinion by selecting appropriate gifts from the box below.

des fleurs   un portefeuille   ~~des baskets~~   des bonbons   un cadre   un sac à main
un tee-shirt   une boîte de chocolats   un foulard   ~~un vase~~
des gants   des sweat-shirts

— Tu as une idée de cadeau pour mon père? Il aime jouer au basket-ball et il fait du jogging.

Offre-lui des baskets

— Et ma mère? Qu'est ce que je pourrais lui offrir? Elle aime les fleurs et elle adore travailler dans le jardin.

Tu pourrais ~~leur~~ lui offrir un vase

— Tu as une idée de cadeau pour mon oncle?

Offre-lui un tee-shirt.

— Et pour ma tante? Elle est toujours très chic.

Tu pourrais ~~leur~~ lui offrir un foulard

— Qu'est-ce que je pourrais offrir à mes cousins? Ils sont tous très sportifs.

Offre-lui des sweat-shirts

25 Que choisir?

Accept or reject these gift suggestions. If you reject a gift suggestion, give a reason and tell what you're going to buy instead.

1. Tu peux offrir des fleurs à ton petit frère Philippe.

   Ce n'est pas son style. Je pourrais lui offrir des gants plutôt.

2. Tu pourrais offrir des baskets à ta sœur Marion.

   Bonne idée!

3. Pour ton ami, une télévision peut-être.

   C'est trop cher. Je pourrais lui offrir une boîte de chocolats.

4. Offre une cravate à ton père.

   D'accord

5. Tu pourrais offrir un cadre à ta grand-mère.

   C'est original!

26 La récompense

You just received a reward of $100 for returning a wallet you found to its rightful owner. You're feeling generous, so you've decided to buy presents with it. Choose three friends or family members and tell, in French, what you will buy them with your reward money.

Pour ma mère, j'achète des fleurs. Pour ma meilleur amie, je peux acheter des bonbons. Enfin, pour mon père, je pourrais lui offrir un beau cadre.

■ LISONS!

27 Qui êtes-vous à table?

a. Do you think you follow a healthy diet or do you have some bad eating habits? Take the test below, calculate your score, and then read the results.

Ce qu'on aime manger révèle notre personnalité. Fais ce test pour voir si tu es un(e) vrai(e) gourmand(e), un gourmet ou une personne qui fait attention à ce qu'elle mange.

1. Même si tu n'as pas vraiment faim, tu ne peux pas résister quand on t'offre :
   a. Des chips, des cacahuètes et de la glace.
   b. Un morceau de tarte que ta mère a faite.
   c. Une grande salade avec plein de légumes variés.

2. Tu invites des amis chez toi :
   a. Seulement si tu vas préparer un bon repas.
   b. Souvent pour un hamburger ou une pizza.
   c. Rarement. Tu manges surtout des fruits et des légumes et tes amis n'aiment pas ça.

3. Tu aimes faire la cuisine :
   a. Jamais. Tu préfères acheter des plats tout prêts.
   b. Parfois, quand tu as envie d'essayer une nouvelle recette.
   c. Souvent. Tu veux être sûr(e) que ce que tu manges est bon pour toi.

4. Quand tu trouves que tu grossis :
   a. Tu manges seulement trois petits repas par jour.
   b. Tu arrêtes de manger des desserts.
   c. Tu ne finis plus complètement ton assiette et tu ne te ressers plus.

5. Au restaurant, tu commandes :
   a. Une entrée, un plat et deux desserts.
   b. Un plat que tu n'as jamais mangé avant mais qui a l'air délicieux.
   c. Une salade, du poisson, des légumes et un fruit.

6. Quand tu es triste, tu :
   a. Ne manges pas plus que d'habitude.
   b. Vas chercher à manger dans le frigo toutes les dix minutes.
   c. Essaies de faire une nouvelle recette pour te changer les idées.

Résultats :

Questions	a	b	c
1	3	2	1
2	2	3	1
3	3	2	1
4	2	1	3
5	3	2	1
6	1	3	2

De 6 à 9 points : Tu aimes manger, mais tu fais attention à ce que tu manges. Tu aimes beaucoup de choses, surtout les fruits et les légumes et tu sais ce qui est bon pour la santé. Bravo!

De 10 à 16 points : Tu es un gourmet : tu apprécies les bonnes choses. Tu aimes aller au restaurant. Tu n'aimes pas manger toujours la même chose; tu préfères goûter plusieurs plats que tu n'as jamais essayés.

Plus de 16 points : Tu es un(e) vrai(e) gourmand(e) : tu adores manger. Tu manges tout ce que tu veux, quand tu veux. Tu aimes ce qui est sucré, surtout les gâteaux. Fais quand même attention à ta ligne!

---

b. Do you agree with your results? Why or why not? What should you eat more or less of to improve your diet?

_____

_____

_____

_____

CHAPITRE 3 Lisons!

■ PANORAMA CULTUREL

28 **A la française**   If you were eating a meal at a French home, in what order would you expect these things to occur? Number the steps in the correct order.

_____ On mange le plat principal.

_____ On prend le dessert.

_____ On mange la salade.

_____ On mange l'entrée.

_____ On prépare le repas.

_____ On mange le fromage.

29 **Le nouveau menu**   Your French class is serving an authentic French meal as a fund-raiser. Some of your classmates have prepared the menu. Check it to make sure that everything is in the proper category. Cross out any misplaced items and write them under the correct course.

ENTREES	**PLATS PRINCIPAUX**	**DESSERTS**
Carottes râpées	Lapin à la moutarde	Crème caramel
Salade niçoise	Canard à l'orange	Glace
Sardines à l'huile	Pouding canadien	Tarte aux fruits
Assiette de crudités	Steak au poivre	Mousse au chocolat
Soufflé au chocolat	Sole meunière	Gâteau au chocolat
Poulet-frites	Pâté de campagne	Filet de bœuf
Salade de tomates	Œuf dur mayonnaise	Abricots à la crème
Escargots	_____	_____
_____	_____	_____
_____	_____	_____

30 **Vive les différences!**   Your friend Kim has been invited to dinner by a French family that has recently moved in next door. What are three or four differences that she might want to know about before she goes?

_____

_____

_____

_____

_____

_____

_____

CHAPITRE 3 Panorama culturel

4 Sous les tropiques

■ MISE EN TRAIN

1 Le concours   Help Agnès, Jean-Philippe, Stéphane, and Lisette organize their reports by choosing the topic of each of these sentences.

_____ 1. Il y a toujours un peu de pluie.

_____ 2. Le soir, on apprend les leçons.

_____ 3. Parfois, on aide les parents au travail.

_____ 4. La mer, le sable, les cocotiers, l'eau couleur turquoise...

_____ 5. On aime bien se balader ensemble.

_____ 6. Plus vers le nord, c'est la jungle tropicale avec ses arbres immenses...

_____ 7. C'est l'éternel printemps chez nous; il fait toujours beau, chaud même parfois.

_____ 8. La Martinique est un paradis pour les pêcheurs.

a. La nature

b. Le temps

c. La vie des jeunes

d. La vie en famille

e. La vie près de la mer

2 La rédaction   Choose the appropriate words and phrases from **Un concours photographique** to complete these sentences.

plus qu'   le soleil   s'amuser   c'est pour ça   de bonne heure   au travail
il y a
la mer   le climat   l'île aux fleurs   les arbres   des jeux de société

La Martinique était autrefois appelée Madinina, _____ . Il y fait beau,

mais _____ toujours un peu de pluie. _____ que notre

île est si verte toute l'année. La Martinique, c'est _____ un paradis pour

les touristes. Pour les pêcheurs aussi, c'est un paradis parce que _____

est toujours bleue et _____ est doux. Ici, les jeunes ont beaucoup de

travail à l'école. Parfois, on aide les parents _____ . On aime bien jouer

à _____ ou se balader ensemble. D'habitude, on se couche de bonne

heure, mais on a toujours le temps de _____ . Pour nous, la Martinique...

c'est chez nous!

PREMIÈRE ÉTAPE

3 Chasse l'intrus   Cross out the word in each group that doesn't belong according to meaning.

1. un bananier
   ~~un ananas~~
   un cocotier
   un palmier

2. la mer
   ~~la limonade~~
   la chute d'eau
   la plage

3. ~~une carotte~~
   un ananas
   une banane
   une noix de coco

4. nord
   ouest
   sud
   ~~capitale~~

5. charmant
   ~~pénible~~
   vivant
   coloré

6. le volcan
   la forêt tropicale
   ~~l'avenue des Champs-Elysées~~
   les champs de canne à sucre

4 Le casse-tête

a. In the puzzle below, find and circle ten items you would expect to see in a brochure about Martinique. Words may read horizontally, vertically, or diagonally and from left to right or right to left.

```
R  B  A  N  A  N  I  E  R  N  A  L  N  S
M  K  M  A  U  L  O  S  C  L  S  T  E  R
D  E  I  P  G  C  A  B  R  E  T  U  P  W
O  L  R  N  C  B  I  G  G  R  O  R  A  A
A  O  N  P  L  H  H  A  C  I  U  G  L  N
L  Y  B  E  O  M  L  N  T  Z  N  M  M  A
C  N  M  L  U  P  O  S  R  R  T  C  I  N
U  A  P  M  I  E  U  N  L  Z  A  B  E  A
B  C  O  L  F  O  A  A  R  O  L  A  R  S
S  L  V  U  M  I  F  S  N  L  M  S  E  G
R  O  S  Q  V  H  R  E  I  T  O  C  O  C
L  V  I  E  C  A  P  I  T  A  L  E  P  W
H  E  D  F  A  J  I  O  T  E  S  E  O  R
```

b. Now, use the words you found in the puzzle to complete these sentences.

1. La _____mer_____ des Caraïbes entoure la Martinique.

2. On trouve des bananes sur un ___bananier___.

3. La Montagne Pelée est un ___volcan___.

4. Sur une île tropicale, il y a beaucoup d'insectes, surtout des ___moustique___.

5. Sur la plage de Saint-Pierre, le ___sable___ est noir.

6. L' ___ananas___ est un fruit tropical.

7. Fort-de-France est la ___capitale___ de la Martinique.

8. Le ___palmier___ est un arbre.

9. La Martinique a beaucoup de belles ___fleurs___.

10. On trouve des noix de coco sur un ___cocotier___.

5 A la chasse au trésor
During an archaeological dig in Martinique you unearthed this journal written by a French colonist. Time has erased certain words. See if you can fill in the blanks with the correct words.

de   d'   du   de la   des

le 6 juillet 1734

Je viens juste de débarquer. Cette île est vraiment magnifique : il y a _____des_____
fleurs de toutes les couleurs, _____des_____ belles plages de sable fin et _____des_____
merveilleuses forêts qui abritent _____des_____ oiseaux tropicaux par milliers. Il y a
aussi _____des_____ villes charmantes. La ville de Saint-Pierre offre _____des_____
(nombreuses) attractions et les voyageurs aiment venir s'y amuser. J'ai entendu dire qu'au
fond de la mer des Caraïbes, on peut trouver _____des_____ incroyables trésors, mais
il faut faire attention parce que _____des_____ dangereux pirates essaient aussi de
découvrir ces trésors. En plus, de ma maison il y a une superbe vue _____de la_____ mer.
J'ai déjà rencontré _____des_____ gens très sympathiques qui vivent ici depuis
_____des_____ (nombreuses) années et qui ne regrettent pas un instant d'être venus ici.

6 C'est comment, la Martinique?
How much have you learned so far about the geography of Martinique? See if you can put together these sentences to paint an accurate picture of Martinique.

1. Elle est moins grande que __d__ .
2. Dans le nord, il y a __a__ .
3. Dans le sud, il y a __c__ .
4. La capitale, Fort-de-France, se trouve __e__ .
5. La Martinique est située dans __b__ .

a. la Montagne Pelée et la forêt tropicale.
b. la Mer des Caraïbes.
c. de très belles plages.
d. la France.
e. dans l'ouest.

7 La géo.
Your French pen pal's family is thinking of spending their vacation in either California or Texas. Your pen pal has written to ask you several questions about these states.

1. Qu'est-ce qu'il y a à voir en Californie? En Californie, on peut voir
le Disney land, des orangers, et dans l'ouest, Il y a des belles plages.

2. Est-ce qu'il y fait froid? non, il y a fait très chaud!

3. C'est comment, la Californie? C'est genial! J'adore le Californie!

4. Qu'est-ce qu'il y a à voir au Texas? Au Texas, on peut voir les prairies, la capital, Austin, et des bétails.

5. Est-ce qu'il y fait toujours chaud? Oui! C'est fait toujours chaud en été et au printemps.

6. C'est comment, le Texas? C'est charmant! J'adore voyager au Texas.

CHAPITRE 4 Première étape

8 Mon île imaginaire

a. Create your own island. You can place it anywhere in the world you wish. Draw a map of it on a separate sheet of paper. Show the compass points and label any important geographical features. You might use the map of Martinique on page 88 of your textbook as a model.

b. Now, answer these questions about your island.

1. Comment s'appelle ton île?

   C'est très charmant et coloré!

2. Où se trouve ton île?

   Mon île se trouve dans la mer des Caraïbes

3. C'est plus grand/petit que quoi?

   C'est ~~petit~~ moins grand que Seattle mais plus grand que PT.

4. Elle est comment, ton île?

   Il s'appelle L'île de la chute d'eau

5. Il y fait chaud ou froid?

   Il fait chaud en été et un peu froid en hiver.

6. Qu'est-ce qu'il y a à voir là-bas?

   On peut voir des belles chute d'eau et des fleurs!

7. Qu'est-ce qu'il y a à faire sur ton île?

   On fait du ski nautique, fait du radonne, et fait de la plongée sous-marine

c. Write a short description of your ideal island for a travel brochure.

   Voyagez à l'île de la chute d'eau! ~~C'est~~ L'île se trouve dans la mer des Caraïbes, et c'est très petit. On peut voir les belles (chutes) d'eau et des ~~oranges~~ fleurs oranges et bleus. Il fait chaud en été et au printemps, et il fait un peu froid en hiver. On fait du ski nautique et de la plongée sous-marine.

Nom _Fartine_ Classe _French 2_ Date _____

DEUXIEME ETAPE

Renseignements variés   If you were looking at a travel brochure, in which category would you expect to find each of the following?

___e___ 1. plongée sous-marine, pêche
___b___ 2. fruits tropicaux, boudin créole
___d___ 3. poisson, crabe, corail
___a___ 4. pluie de novembre à mars
___c___ 5. maillot de bain, short, tee-shirt
___e___ 6. planche à voile, deltaplane
___c___ 7. manteau chaud, pull, bottes
___b___ 8. salades, poissons
___d___ 9. palmiers, cocotiers
___a___ 10. beau temps, peu de pluie

a. Climat
b. Cuisine
c. Conseils vestimentaires (vêtements)
d. Flore et faune (animaux, arbres, fleurs)
e. Activités

10 Au magasin de sport   Au magasin de sport, tu rencontres beaucoup de gens qui achètent des articles de sport. Dis ce que les gens vont faire pendant leurs vacances.

1. L'homme blond à droite _Il aime jouer au golf_
2. La femme aux cheveux longs _Elle aime faire de la plongée._
3. Le petit garçon _Il aime faire de la natation_
4. La fille en short _Elle aime aller à la pêche_
5. L'homme qui est grand _Il aime faire du jogging_
6. Les Martin _Ils aiment faire de la plongée sous-marine_

Allez, viens! Level 2, Chapter 4

Practice and Activity Book **41**

HRW material copyrighted under notice appearing earlier in this work.

11 Méli-mélo Patrick is visiting his friend Agnès in Martinique for the first time. Put their conversation in the correct order by numbering the lines.

_6 2_ AGNES Il y a la bibliothèque Schœlcher, la Savane, le fort Saint-Louis et la cathédrale Saint-Louis.

_7_ PATRICK Formidable! Allons-y!

_1_ PATRICK Qu'est-ce qu'on pourrait faire demain?

_2_ AGNES Alors, si on allait à la plage?

_5 1_ PATRICK Qu'est-ce qu'il y a à voir là-bas?

_4_ AGNES Ça te dit d'aller visiter Fort-de-France?

_3_ PATRICK Tu sais, ce qui me plaît, c'est faire de la plongée sous-marine et de la planche à voile.

12 Qu'est-ce qu'on pourrait faire aujourd'hui? Accepte ou refuse les suggestions de ton ami(e). Si tu refuses, dis pourquoi. Sois poli(e) et accepte au moins une suggestion.

1. — Ça te dit d'aller voir le nouveau film de Gérard Depardieu?

   Non, Ce qui ne me plaît pas, c'est un film de Gérard Depardieu. C'est

2. — On peut se promener dans la fôret tropicale.

   Bonne idée! Ce qui me plaît à la Martinique, c'est la fôret tropicale

3. — Tu veux déguster des fruits tropicaux?

   Ce que j'aime bien, c'est me déguster des fruits tropicaux

4. — On pourrait aller à la pêche aux crabes.

   Non. Ce qui m'ennuie, c'est me aller à la pêche aux crabes. C'est zero

5. — Si on faisait de la plongée sous-marine?

   Oui! Ce qui me plaît, c'est la mer!

13 Le voyage d'Annick Your French friend Annick is going to visit her cousin André in Martinique. While you're helping Annick pack, André calls to suggest some activities. According to Annick's answers, what activities do you think André suggested?

— On peut déguster des fruits tropicaux.

— Ça ne me dit rien. Je n'aime pas trop les fruits.

— Ça te dit d'aller danser le zouk?

— Je veux bien. J'aime danser et j'adore la musique martiniquaise.

— Si on allait se baigner?

— Bonne idée. J'ai un nouveau maillot de bain.

— On peut faire du deltaplane!

— Non. C'est barbant!

— Ça te dit d'aller à une boum?

— Bonne idée. Je vais prendre mon masque.

14 Qu'est-ce qui lui plaît? Qu'est-ce que Robert aime faire? Qu'est-ce qu'il n'aime pas faire? Comment est-ce qu'il compléterait les phrases ci-dessous?

1. <u>Ce que j'aime bien</u> , c'est faire de la plongée avec un tuba, faire du vélo et me promener.

2. <u>Ce que je préfère</u>, c'est jouer au tennis et au foot.

3. <u>Ce qui me plaît</u> , c'est écouter du zouk.

4. <u>Ce qui ne me plaît pas</u> c'est aller à la pêche et faire des photos.

15 Ça te dit? Create a conversation between José and Jocelyne in which they tell each other what they like to do and make suggestions about what to do for the weekend, according to the illustrations below. Finally, they agree on something to do.

José   Jocelyne

Jose - Qu'est-ce qu'on peut faire?

Jocelyne - On peut sortir avec mes copines!

Jose - Non. Ce que je préfère, c'est me lis.

Joce. - Non! c'est barbant!

Jose - D'accord. Ça te dit d'aller faire de la plongée?

Joce. - Bonne idée! Ce qui me plaît, c'est la mer!

Jose - Allons-y!

Nom _Fantine_ Classe _French 2_ Date _____

■ TROISIÈME ÉTAPE

16 La correspondance   Michèle just received a letter from her friend Béatrice who is on vacation in Martinique. Help Michèle figure out what the letter says by filling in the blanks with the correct forms of the verbs in parentheses.

Chère Michèle,

J'adore la Martinique! Je n'ai pas envie de rentrer. Il y a tant de choses à faire ici! Les gens sont très sympa et il fait toujours beau. Voilà ce que je fais. Le matin, je _me lève_ (se lever) de bonne heure. Je _me lave_ (se laver), je _me brosse les dents_ (se brosser les dents) et je _m'habille_ (s'habiller). Ensuite, je prends mon petit déjeuner et je vais à la plage. Ce qui me plaît vraiment, c'est faire de la planche à voile ou jouer au volley avec mes copains. Je _me baigne_ (se baigner) beaucoup. A l'heure du coucher de soleil, je _me promène_ (se promener) sur la plage près de l'hôtel. C'est magnifique! D'habitude, je dîne assez tard, et je _me couche_ (se coucher) vers onze heures.

A bientôt,
Béatrice

17 Mots emmêlés   Unscramble these sentences Albert used to describe his daily routine.

1. j' / école / promener / la / me / sur / après / aime / plage / l'
   J'aime me promener sur la plage après l'école

2. habille / et / je / puis / m'
   et puis, je m'habille

3. me / heures / vers / sept / je / lave / et / demie
   Vers sept heures et demie, je me lave

4. vers / neuf / je / heures / couche / finalement / me
   finalement, vers neuf heures je me couche

5. je / matin / à / d'abord / me / lève / heures / du / sept
   D'abord, je me lève à sept heures du matin

6. mon / ensuite / lycée / je / vais / petit déjeuner / et / je / au / prends
   ensuite, je prends mon petit déjeuner et je vais au lycée

HRW material copyrighted under notice appearing earlier in this work.

18 Le quotidien d'Albert   Describe Albert's daily routine by putting the sentences from Activity 17 in the correct order.

D'abord, je me lève à sept heures du matin. Vers sept heures et demie, je me lave, et puis, je m'habille. ~~Je prends mon petite~~ Ensuite, je prends mon petite déjeuner et je vais au lycée. J'aime me promener sur la plage après l'école. Finalement, vers neuf heures je me couche.

19 A sept heures du matin   Dans la famille d'Arlette, tout le monde fait quelque chose de différent ce matin. Complète chaque phrase en utilisant la forme correcte des verbes entre parenthèses.

1. Ses parents _s'habillent_ . (s'habiller)

2. Son frère _se brosse_ les dents. (se brosser)

3. Ses sœurs _se lèvent_ . (se lever)

4. Le bébé _s'amuse_ avec ses jouets. (s'amuser)

5. Arlette _se lave_ . (se laver)

6. Le chien _se baigne_ dans la mer. (se baigner)

20 La routine familiale   Create six sentences about someone in your family. Use elements from the columns below and be sure to vary your sentences.

enfin	je	se lever
~~ensuite~~	mes sœurs	préparer le petit déjeuner
~~et puis~~	ma mère	se laver
~~d'abord~~	mon frère	se brosser les dents
~~après ça~~	mes parents	se coucher
finalement	il	faire la vaisselle
	elle	s'habiller
	ils	manger
	elles	se promener

D'abord, je me lève à six heures du matin et mes sœurs prennent leurs petit déjeuner. Après ça, elles s'habillent et ma mère se lave. Et puis elle mange. Ensuite, à sept heures, mon frère se brosse les dents et se promène au ville. Ma mère s'habille et faire la vaisselle. Finalement, mes sœurs et moi allons au lycée.

CHAPITRE 4 Troisième étape

21 Chez toi Qu'est-ce qui se passe chez toi à six heures et demie du matin?

À six heures et demie du matin, ma mère et mon père se lèvent. Ils prennent leurs petit déjeuner et se brossent les dents. ~~les dents~~ Vers six heures ~~et demie~~ quarante, mon père se lave et s'habille. Après ça, il va à l'hopital. Ma mère s'habille et va à l'hopital aussi. Finalement, à neuf heures du matin, je se lève.

22 On se prépare A quelle heure est-ce que tu fais ces activités le matin?

Exemple : Je me lève vers sept heures et demie.

se laver   partir pour l'école   s'habiller   se brosser les dents
prendre son petit déjeuner   se lever

Je me lave vers sept heures du matin.
Je prends mon petit déjeuner vers sept heures vingt.
Je partis pour l'école vers huit heures moins le quarte
Je m'habille vers sept heures quarte
Je me lève vers six heures et demie.
Je me brosse les dents vers sept heures et demie

23 Le week-end How does your morning routine differ on weekends?

Sur le weekend, Je me lève vers neuf ou dix heures du matin.
Je ne prends pas le petit déjeuner. Je me brosse les dents
vers onze heures du matin. Quelquefois, je ne m'habille pas!
Je ne vais pas au l'école. C'est gènial! Je dors souvent.

▨ LISONS!

LA MARTINIQUE... Une île de rêve
VACANCES TROPIQUES

Vous êtes stressé? La vie en ville vous fatigue? Alors, quelques jours de vacances bien mérités vous feraient le plus grand bien. La destination idéale? Les plages de sable blanc ou noir et la mer toujours bleue vous tentent? Alors, venez à la Martinique, bien sûr! Avec Vacances Tropiques, vous êtes assuré de passer des vacances de rêve.

Nous vous proposons plusieurs activités de plein air. Pour les passionnés de la mer :
* La voile : petits et grands bateaux
* La planche à voile
* La plongée sous-marine : avec ou sans bouteille
* La pêche

Aux autres, nous proposons :
* Le tennis : des cours, des matches
* L'aérobic : de la relaxation, de la musculation
* Les sports d'équipe : le volley-ball, le basket-ball et le football
* Les promenades nocturnes

Nous offrons aussi des voyages organisés pour visiter l'île :
* Fort-de-France : tous les jours
* Sainte-Anne : le mardi et le jeudi
* Promenades en mer : le mercredi

Si vous avez envie de goûter les meilleures spécialités de poisson et fruits de mer de l'île, réservez dès aujourd'hui votre table à L'Antre des Pirates.

Pour plus de renseignements sur la Martinique, contactez l'Office de tourisme au 50.67.21.63 (ouvert tous les jours sauf le samedi après-midi et le dimanche)

24 Tu as compris?   Answer these questions about **Vacances Tropiques** in English.

1. Who is the intended audience for this brochure? How do you know?

_____

2. What is this brochure advertising?

_____

3. What different kinds of information does the brochure present?

_____

4. What water sports and activities are offered at **Vacances Tropiques**?

_____

5. What other outdoor sports are offered?

_____

25 Bonjour de Vacances Tropiques   Imagine you're spending a week at **Vacances Tropiques**. Write a note to a friend telling him or her about it.

_____

_____

_____

_____

_____

■ PANORAMA CULTUREL

26 Vrai ou faux?   Are these statements about Martinique true or false? If a statement is false, rewrite it to make it true.

1. Martinique is located in the Mediterranean Sea.

   _____

2. In the north, there are snow-covered mountains.

   _____

3. There are beaches in the south.

   _____

4. The sand on the beaches at Saint-Pierre is black.

   _____

5. The island of Martinique is larger than continental France.

   _____

6. The **Martiniquais** are citizens of France.

   _____

27 C'est comment, la Martinique?   Your friend is interested in learning about Martinique and wants to know what these things are.

1. des yoles rondes

   _____

2. zouk, biguine, mazurka

   _____

   _____

3. créole

   _____

   _____

4. la Montagne Pelée

   _____

5. Madinina

   _____

6. Fort-de-France

   _____

7. Le Carnaval

   _____

Quelle journée!

■ MISE EN TRAIN

1 **C'est pas mon jour!** Céline a passé une mauvaise journée. Choisis ce qu'elle dit à son amie Virginie pour expliquer chaque situation.

1.

   a. J'ai pris le petit déjeuner.

   b. Je me suis réveillée en retard parce que mon réveil n'a pas sonné.

   c. Je suis allée à l'école.

2.

   a. J'ai pris le bus pour aller au cinéma.

   b. Je suis allée au lycée en train.

   c. J'ai raté le bus.

3.

   a. J'ai eu une très bonne note en histoire-géo.

   b. J'avais oublié mes devoirs et j'ai eu dix à mon interro de maths.

   c. J'ai été collée parce que j'ai eu une mauvaise note.

4.

   a. Hector a renversé son verre sur ma jupe.

   b. J'ai pris une limonade.

   c. Ça fait combien?

■ PREMIÈRE ÉTAPE

2 Qu'est-ce qui se passe? Trouve la légende *(caption)* qui correspond à chaque illustration.

a.   b.   c.   d.   e.

_b_ 1. Il rate une marche.

_a_ 2. Il n'entend pas son réveil.

_d_ 3. Il perd son livre.

_C_ 4. Il a une mauvaise note.

_e_ 5. Il rate le bus.

3 De bonnes raisons Choisis la fin la plus appropriée pour chacune des phrases suivantes.

1. J'ai eu une mauvaise note à l'interro de maths _b_

2. Je suis arrivé(e) en retard à mon cours de sciences _d_

3. J'ai déchiré mon pantalon _e_

4. Je ne suis pas allé(e) au café après l'école _a_

5. Je n'ai pas pu faire mes devoirs de biologie _C_

a. parce que j'ai été collé(e).

b. parce que je n'ai pas étudié.

c. parce que j'ai perdu mon livre.

d. parce que je n'ai pas entendu mon réveil.

e. parce que je suis tombé(e).

4 Une bonne ou mauvaise journée? Tu as passé une bonne ou une mauvaise journée? Mets les phrases suivantes dans les catégories appropriées.

1. J'ai eu une mauvaise note en anglais.

2. J'ai acheté un nouveau CD.

3. J'ai déchiré ma chemise.

4. J'ai vu un film super.

5. J'ai raté une marche et je suis tombé(e).

6. Mon ami m'a offert un cadeau.

7. J'ai eu une très bonne note en physique.

8. J'ai perdu mes devoirs d'anglais.

Une bonne journée	Une mauvaise journée
J'ai acheté un nouveau CD	J'ai eu une mauvaise note en anglais
J'ai vu un film super	J'ai raté une marche et je suis tombée
Mon ami m'a offert un cadeau	J'ai perdu mes devoirs d'anglais
J'ai eu une très bonne note en physique	J'ai déchiré ma chemise

5 Les conséquences Qu'est-ce qui va t'arriver si tu fais les choses suivantes?

Exemple : Si j'étudie beaucoup pour une interro de sciences, je <u>vais avoir une bonne note.</u>

1. Si je n'étudie pas pour mon interro de français, je <u>vais avoir une mauvais note</u>

2. Si j'arrive en retard à mon cours, je <u>vais être collée.</u>

3. Si je rate le bus, je <u>vais ~~être~~ arriver en retard</u>

4. Si je reçois de mauvaises notes, mes parents <u>~~vais~~ vont être fâché!</u>

5. Si je n'entends pas mon réveil, je <u>vais rater le bus.</u>

6 Pauvre Sylvie! Dans son journal, Sylvie décrit la mauvaise journée qu'elle a passée. Complète les phrases avec la bonne forme du verbe entre parenthèses.

J'<u>ai passé</u> (passer) une journée épouvantable. Elle a bien commencé mais elle s'est mal terminée. Je suis allée à Paris avec une copine et nous <u>avons visité</u> (visiter) des musées et des monuments. D'abord, on <u>~~va pre~~ a pris</u> (prendre) notre petit déjeuner dans un café du Quartier latin. Ensuite, on est allées à Notre-Dame. Là, j'<u>ai raté</u> (rater) une marche et je suis tombée. J'<u>ai déchiré</u> (déchirer) mon pantalon. J'ai dû m'acheter un nouveau pantalon et j'<u>ai dépensé</u> (dépenser) presque tout mon argent. Ensuite, on <u>a visité</u> (visiter) le Louvre et après, on <u>a ~~pre~~ pris</u> (prendre) un coca. J'<u>ai oublié</u> (oublier) mon sac au café. Quelle journée!

7 Les dernières nouvelles Priscilla had to make up a quiz during lunch, so she didn't get caught up on all the latest school news. Give a logical response to each of her questions below.

Example: Pourquoi est-ce que Pierre a raté le bus? <u>Il n'a pas entendu son réveil.</u>

1. Pourquoi est-ce que Monique est arrivée au lycée en retard? <u>Elle a raté le bus ce matin</u>

2. Comment Jean-Claude a fait pour avoir 18 en histoire? <u>Il n'~~a~~ a pas étudié</u>

3. Pourquoi est-ce qu'Ahmed a été collé après l'école? <u>Il ~~a~~ est arrivé en retard.</u>

4. Qu'est-ce que Viviane et Robert ont fait hier soir? <u>Ils ~~vais~~ vont être collée.</u>

5. Qu'est-ce que Louis et Michèle ont fait samedi après-midi? <u>Ils ~~vont~~ sont sortis avec leurs copines!</u>

8 Méli-mélo! Remets les phrases de la conversation suivante dans le bon ordre.

4 5	PAULINE	J'ai passé une mauvaise journée.
2	LUC	Salut, Pauline. Ça va?
8	LUC	Ne t'en fais pas. Ça va aller mieux.
3	PAULINE	Oh, pas terrible.
1	PAULINE	Salut, Luc.
7	PAULINE	D'abord, je suis arrivée à l'école en retard, et puis, j'ai perdu mes devoirs.
5 6	LUC	Ah, oui? Qu'est-ce qui s'est passé?
4	LUC	Qu'est-ce qui t'arrive?

9 Le hit-parade des excuses
The editor of your school newspaper is taking a poll of the excuses students use for not doing their homework. Number these excuses from 1 to 10 according to how often you use them or you think other students use them.

1	J'ai oublié mon livre chez moi.
4	J'ai étudié jusqu'à minuit pour une interro.
2	J'ai oublié mes livres chez mon père/ma mère/mes grands-parents/mon ami(e) le week-end dernier.
5	Je n'ai pas compris l'exercice.
6	Mon chien a mangé mes devoirs.
9	J'ai travaillé jusqu'à 10 heures, et après, j'étais trop fatigué(e).
7	J'ai oublié qu'on avait quelque chose à faire.
8	L'exercice était stupide.
10	Mon film favori passait à la télé.
3	J'ai passé la soirée à aider mes parents à faire le ménage.

10 Le roi des excuses
The yearbook committee is having a contest to find the most creative excuses. Write your entry.

Un poisson a mangé mes devoirs, et une peuvre a mangé ce poisson, et une balaine a mangé cette peuvre!

■ DEUXIEME ETAPE

11 Comment ça s'est passé?   Choisis la meilleure réponse à chacune des questions suivantes.

_C_   1. Comment ça s'est passé, ton interro de géo?

_a_   2. Comment se sont passées tes vacances?

_b_   3. Comment s'est passée ta journée d'hier?

_d_   4. Comment s'est passé ton week-end?

a. Tout a été de travers! Il a plu tous les jours!

b. Je me suis réveillé(e) à l'heure, mais je suis quand même arrivé(e) à l'école en retard.

c. Je ne comprends pas. J'ai étudié, mais j'ai eu 8!

d. Ben, au début, c'était pas terrible, mais samedi soir, on a vu un film super.

12 J'ai passé une journée...   Qu'est-ce que chaque personne dirait pour décrire sa journée?

> Ça s'est très bien passé!   J'ai passé une journée horrible!   C'était super!
>
> Quelle journée!   C'était génial!
>
> C'est pas mon jour!   Quelle journée formidable!

1. Jeanette a renversé son bol de céréales sur sa jupe. _C'est pas mon jour!_

2. Philippe a été collé. _J'ai passé une journée horrible!_

3. Sandrine a eu de très bonnes notes et son père lui a acheté un tee-shirt et un jean.
Quelle journée formidable!

? 4. Christophe a gagné son match de tennis. _____

5. Fabienne est tombée dans l'escalier. _Quelle journée!_

6. Philippe a trouvé 50 F dans la rue. _C'était super!_

13 Où vont-ils en vacances?

a. The first day of school after vacation, you asked your friends where they went on vacation. Complete your questions and their answers with the correct forms of the verb **aller** in the **passé composé.**

1. Marc, où est-ce que vous ~~êtes~~ _êtes allés_ en vacances (Sandrine et toi?)

2. (Madame Moreau) «Mon mari et moi, (nous) _sommes allés_ à Paris.»

3. Pierre, tu _es allé_ en Californie, non?

4. Où est-ce que les Ducharme _sont allés_ ?

5. Et vous, M. Normand, vous ~~êtes~~ _allé_ à Londres?
êtes

b. Now, tell where you spent your vacation and where your best friend spent his or her vacation (real or imaginary).

Je suis allé à Seattle sur mes vacances, et mon ami est allé
à Portland sur ses vacances.

14 Des vacances à l'étranger
Judging from what these people did while they were on vacation, tell where they went.

1. Nadine a vu la tour Eiffel. _Nadine est allée cà Paris_
2. Vincent a visité le Grand Canyon. _Vincent est allé au Arizona_
3. Roger et Jeanne ont dansé le zouk. _Ils sont allés à Martenique_
4. Emmanuel a acheté des cadeaux à Treichville, un quartier d'Abidjan. _Emmanuel est allé au India (?)_
5. Suzanne et Patricia ont visité le Kremlin. _____
6. J'ai passé deux jours au château Frontenac. _Je suis allée_
7. Julien est allé à Rome. _Juillien a visité le Colesseum_

15 Pauvre François!
Tell what happened to François yesterday. Use some words and phrases in the box below to tie events together.

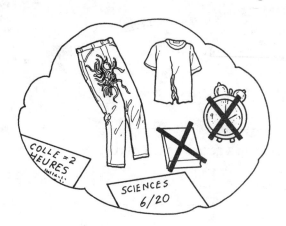

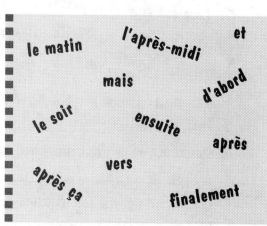

le matin l'après-midi et
mais d'abord
le soir ensuite après
après ça vers
finalement

le matin, François n'a pas entendu le réveil. Après ça, il a raté un marche et il a tombé et déchiré son tee. Vers huit heures, il a perdu son cahier. l'après-midi, il a eu une mauvais note à les sciences. Après les sciences, il a été collé. Finalment, au soir, il a renversé une assiette de spaghettis sur son pantalon

16 Choisis!
Put a check mark beside the expressions you would use to sympathize with or console someone.

___✓___ 1. Courage!
_____ 2. Quelle journée incroyable!
___✓___ 3. Pauvre vieux!
___✓___ 4. Ça va aller mieux.
_____ 5. C'est super.
___✓___ 6. T'en fais pas.

_____ 7. Bonne idée!
___✓___ 8. C'est pas grave.
___✓___ 9. Oh là là!
_____ 10. Tout a été de travers!
___✓___ 11. Je suis crevée.
___✓___ 12. C'est pas de chance, ça!

17 Entre amis Sympathize with or console the following people.

> **Pauvre vieux/vieille!** **T'en fais pas!** **Courage!** **Oh là là!**
> **C'est pas de chance, ça!** **Ça va aller mieux.** **C'est pas grave.**

1. Mon prof a déchiré mon devoir de géo en disant : «C'est inadmissible!» _Courage!_
_____

2. J'ai perdu mon cahier avec tous mes devoirs. _Oh là là!_
Pauvre

3. Je suis arrivée en retard pour l'interro de maths et je n'ai pas eu le temps de finir! _____
Pauvre vieille!

4. J'ai perdu le nouveau CD de mon copain. _T'en fais pas._
_____

5. Ce matin, devant tous mes copains, j'ai raté une marche et je suis tombé. _____
C'est pas de chance, ça!

18 Raconte! Complete each of the following sentences and add at least one other sentence, providing more information.

> Example: Chantal est arrivée à l'école en retard parce qu'elle n'a pas entendu son réveil et elle a raté le bus.

1. Moi, j'ai passé une journée... _Je n'ai pas entendu mon réveil et_
Je n'ai pas mangé mon petit déjeuner. J'ai très
faim!

2. Céline a raté... _Un marche et elle a tombé._
_____

19 Qu'est-ce qu'ils disent? Create a conversation between Mireille and her friend Stéphane, who had a really bad day. Stéphane should tell Mireille at least two things that happened and Mireille should console him.

M - Bonjour Stéphane!   _S - Oh, Bonjour Mireille._
M - Ça n'a pas l'air d'aller   _S - J'ai passé une journée horrible!_
M - Raconte!   _S - J'ai n'entendu pas_

CHAPITRE 5 Deuxième étape

■ TROISIEME ETAPE

20 Je n'y comprends rien!
Read this letter from your pen pal Stella. Then, decide whether the statements that follow are true or false.

> *Comment tu vas? Moi, ça ne va pas trop bien en ce moment. D'abord, ma copine Sophie m'a dit qu'elle avait vu mon petit ami sortir du ciné avec ma meilleure copine. Ensuite, je me suis disputée avec mon frère. Et puis, à l'école, ça va pas terrible non plus. Mon bulletin trimestriel est arrivé aujourd'hui et mes parents ne sont pas très contents. Bon, en français, ça va, je suis assez bonne. J'ai eu 13 ce trimestre. En histoire-géo, j'ai eu 10. Ce n'est pas de ma faute, j'ai vraiment du mal à comprendre et en plus, le prof explique mal. En maths, c'est une catastrophe : j'ai eu 4. C'est vraiment pas mon fort, les maths! Et en sciences physiques, c'est pas beaucoup mieux, j'ai eu 8; je ne suis pas douée pour ça non plus. C'est en anglais que je suis la meilleure : 18. J'espère que mes parents me donneront quand même la permission de venir te voir cet été. Bon! Je te laisse. Ecris-moi vite. A bientôt.*
>
>   *Stella*

false 1. Stella's having some problems with her friends and family, but school is going well.

true 2. Stella's best grade this trimester is in English.

false 3. Stella's worst grade this trimester is in science.

false 4. Report cards are coming out next week, and Stella is concerned.

true 5. Stella feels she doesn't have a talent for math and science.

21 Quelles notes!
What reason or excuse would each of these students give for their grades? Vary the reasons and excuses.

1. Paul a eu 8 en sciences physiques. «_C'est pas mon fort_____»

2. Xavier a eu 18 en français. «_Je suis assez bon en français_____»

3. Eve a eu 14 en mathématiques. «_mathématiques, c'est mon fort._____»

4. Odile a eu 9 en latin. «_J'ai du mal à comprendre_____»

22 Et toi?
Which are your best and worst classes? Write a brief response to Stella telling her about your classes. Give a reason or excuse for your performance in each one.

Je suis assez bon en francais et en l'histoire. C'est en sciences que je suis le mieuller! J'aime le chimie et l'anglais aussi, mais l'algèbre 2, c'est pas mon fort.

23 **Le bulletin trimestriel de Patrice**   If you were Patrice's parent, what would you say to him about his efforts in each of his classes?

- Bon travail.   Chapeau!   C'est inadmissible!   Bravo!
- Tu dois mieux travailler.   Félicitations!   C'est bien!

Lycée Balzac
Académie de Tours

BULLETIN TRIMESTRIEL

NOM et prénom : _BARRE Patrice_____   Classe de _2 de 7_

MATIERES D'ENSEIGNEMENT	MOYENNE DE L'ELEVE	APPRECIATIONS
Français	13	Bon travail
Mathématiques	18	Très bon élève
Sc. physiques	15	Travail sérieux
Sc. naturelles	13	A fait beaucoup de progrès
Histoire-Géographie	5	Doit s'appliquer davantage
Anglais	10	Peu d'effort!
Espagnol	8	Doit s'appliquer davantage
Arts plastiques	12	Satisfaisant
Education physique	15	Bon élève

1. Mathématiques :
   Félicitations!

2. Français :
   ~~Chapeau~~ C'est bien

3. Anglais :
   Tu dois mieux travailler en classe

4. Sciences physiques :
   Bravo!

5. Histoire-Géographie :
   C'est inadmissible

6. Sciences naturelles :
   ~~Ne recommence pas~~ Chapeau

CHAPITRE 5 · Troisième étape

HRW material copyrighted under notice appearing earlier in this work.

24 Bulletin scolaire

You get to be the French teacher today. Read the descriptions of your students below. Change each student's grade to the French system, using the conversion table below, and add an appropriate comment.

A = 15 and above
B = 12-14
C = 10-12
D = 8-10
F = less than 8

NOM ET PRENOM	NOTE	APPRECIATION
Gomez, Lisa	13	Bien, mais tu dois mieux travailler
Wells, Paul	11	peut mieux faire
Nakamoto, Craig	10	Tu ne dois pas faire le clown
Pate, Kim	17	Bon élève!
Bruce, Latoya	16	Travail sérieux

1. Latoya is a very serious student who always does her homework. She's getting a 90.

2. Lisa is very bright, and she does very well in class. She needs to do her homework and pay attention in class. She's getting an 86.

3. Craig would do very well if he'd stop joking in class so much. If he did his homework, he would do much better on the tests and quizzes. He's making a 75.

4. Paul needs to study more often instead of waiting until the last minute. The assignments he turns in are good, but he doesn't always remember to do his work. He's making a 78.

5. Kim is an excellent student. She always does her homework. Her test scores are outstanding. She always pays attention in class. She's making a 98.

25 A propos des cours

Create a conversation in which two students tell each other which classes they like and dislike and how they're doing in each class.

Ce qui me plaît, c'est...   Ce que je n'aime pas, c'est...   Ce que j'aime bien, c'est...

A - Ce qui me plaît, c'est le geographie!   B - Ah, le geographie, c'est pas mon fort. J'ai eu 9 sur le bulletin trimestriel.

A - Eh, tu dois mieux travailler en classe.

B - Ce que j'aime bien, c'est l'anglais. Je suis assez bon en anglais!

A - Ce que je n'aime pas, c'est l'anglais! J'ai du mal à comprendre!

58 Practice and Activity Book

Allez, viens! Level 2, Chapter 5

HRW material copyrighted under notice appearing earlier in this work.

■ LISONS!

26 Au petit déjeuner

a. Read the poem and then answer the questions that follow in English.

Here is some vocabulary you might need to understand this poem:

| la cuiller | *spoon* | la tasse | *cup* | la parole | *word* |
| la tête | *head* | pleurer | *to cry* | | |

Déjeuner du matin

Il a mis le café
Dans la tasse
Il a mis le lait
Dans la tasse de café
Il a mis le sucre
Dans le café au lait
Avec la petite cuiller
Il a tourné
Il a bu le café au lait
et il a reposé la tasse
Sans me parler
Il a allumé
Une cigarette
Il a fait des ronds
Avec la fumée
Il a mis les cendres
Dans le cendrier

Sans me parler
Sans me regarder
Il s'est levé
Il a mis
Son chapeau sur sa tête
Il a mis
Son manteau de pluie
Parce qu'il pleuvait
Et il est parti
Sous la pluie
Sans une parole
Sans me regarder
Et moi j'ai pris
ma tête dans ma main
Et j'ai pleuré.

—*Jacques Prévert*

1. Who does **il** refer to in the poem? How does the narrator feel about him?

2. Where do you think these people are?

3. What words tell you how the narrator feels at the end of the poem?

4. How does the weather reflect the narrator's mood?

b. Retell the story of **Déjeuner du matin** in your own words, according to your own interpretation of the poem.

■ PANORAMA CULTUREL

27 True or false? Are these statements about school life in France true or false? Correct any false statements.

1. Students who don't go home for lunch eat in **le carnet.**

_____

2. If you're late to class in France, you have to give your teacher a note from your parent.

_____

3. Parents must sign any notes that appear in their child's **carnet de correspondance.**

_____

4. Sandwiches are often served as school lunches, since students don't have much time to eat.

_____

5. A student who received a 16 on a quiz would be very happy.

_____

6. If a student received an 11 in a class, he or she would fail the class.

_____

7. Many French students receive grades of 19 or 20.

_____

28 Au lycée français Answer the questions below about French schools and the French school system.

1. What is a **carnet de correspondance?**

_____

2. Is there an American equivalent to the **carnet de correspondance?**

_____

_____

3. What are the advantages and disadvantages of using a **carnet de correspondance?**

_____

_____

_____

4. What are some of the differences between the French school system and the American school system?

_____

_____

_____

_____

_____

_____

A nous les châteaux!

■ MISE EN TRAIN

1 Le disparu Your classmate Cherie is retelling what happened in **Le disparu,** but she has made a few mistakes. Find and correct the five errors in the paragraph below.

> *Bruno, Céline et Virginie sont allés à Chenonceaux en bateau. Ils ont acheté des allers simples. Ils ont loué des voitures pour aller de la gare au château. On appelle le château de Chenonceau «le château des six hommes.»*

1. _____

2. _____

3. _____

4. _____

5. _____

2 Mets dans l'ordre Number these events in the order in which they happened in **Le disparu.**

_____ Les amis ont loué des vélos.

_____ Hector a disparu.

_____ Céline a acheté son billet.

_____ Ils ont visité le château.

_____ Le car est arrivé à Chenonceaux.

_____ Céline a retrouvé Hector et Virginie à la gare routière.

_____ Le car est parti pour Chenonceaux.

PREMIERE ETAPE

3 Les circuits touristiques en couleur

Faites le circuit jaune! On va...
faire une visite guidée des châteaux, monter dans une tour, aller au zoo et donner à manger aux animaux!

ESSAYEZ LE CIRCUIT BLEU! VOUS POUVEZ...
aller au zoo, donner à manger aux animaux, faire un pique-nique et aller dans un parc d'attractions!

Choisissez le circuit rose où vous pouvez...
faire un pique-nique, aller au zoo, donner à manger aux animaux et assister à un spectacle son et lumière!

Amusez-vous en faisant le circuit vert! Vous pouvez...
aller dans un parc d'attractions, faire un tour sur les montagnes russes, faire un pique-nique et assister à un spectacle son et lumière!

ON VA FAIRE LA FÊTE SUR LE CIRCUIT ORANGE! ALLONS...
FAIRE UN PIQUE-NIQUE, ASSISTER À UN SPECTACLE SON ET LUMIÈRE, FAIRE UNE VISITE GUIDÉE DES CHÂTEAUX ET MONTER DANS UNE TOUR!

a. On which color tour(s) will you . . .

1. go on a picnic? __rose et orange et bleu et vert__

2. attend a sound and light show? __rose, vert, et orange__

3. go to the zoo? __jaune, bleu, et rose__

4. go to an amusement park? __bleu et vert__

5. take a guided tour of several châteaux? __jaune et orange__

b. Imagine you took one of these tours. Tell what you did on the tour, using the **passé composé.**

__J'ai allé dans un parc d'attractions, fait un tour sur les montagnes russes, fait un pique-nique et assisté à un spectacle son et lumière!__

62 Practice and Activity Book

Allez, viens! Level 2, Chapter 6

HRW material copyrighted under notice appearing earlier in this work.

CHAPITRE 6 Première étape

4 Mots emmêlés
Mets les phrases dans le bon ordre. Ensuite, dis où chaque personne a passé le week-end.

1. fait / sur / tour / montagnes / a / les / Marie-Paule / russes / un

   Marie-Paule a fait un tour sur les montagnes russes.

2. tour / dans / Samir / monté / une / est

   Samir est monté dans une tour

3. des / fait / une / a / guidée / visite / Samir / châteaux

   Samir a fait une visite guidée des châteaux

4. à / son / un / Samir / assisté / et / lumière / a / spectacle

   Samir a son assisté

5. sur / Marie-Paule / roue / un / fait / tour / grande / a / la

   Marie-Paule a fait un tour grande sur la roue

6. Li / donné / animaux / a / à / aux / manger

   Li a donné à manger aux animaux

   _____Li_____ a passé le week-end au zoo.

   _____Marie-Paule_____ a passé le week-end dans un parc d'attractions.

   _____Samir_____ a fait un circuit des châteaux pendant le week-end.

5 Loisirs
Réponds au sondage ci-dessous.

Les exclus des loisirs

Combien de fois dans ta vie...

Oui as-tu assisté à un concert de jazz?
Oui es-tu allé(e) voir une opérette?
Oui as-tu assisté à un spectacle de danse?
Non as-tu assisté à un concert de rock?
Oui as-tu assisté à un concert de musique classique?
Oui as-tu visité une galerie d'art?
Non es-tu allé(e) dans un parc d'attractions?

Oui es-tu allé(e) au théâtre?
Non as-tu assisté à un match sportif payant?
Oui es-tu allé(e) danser?
Oui as-tu visité un monument historique?
Oui as-tu visité un musée?
Oui es-tu allé(e) au cinéma?
Non as-tu mangé dans un fast-food?
Oui es-tu allé(e) dans un restaurant mexicain?

---

6 Questions personnelles
Answer the questions below, according to your responses to the survey in Activity 5.

1. Quelle est l'activité que tu pratiques le plus souvent?

   J'ai assisté souvent au théâtre
   allée

2. La dernière fois que tu as pratiqué cette activité,...

   c'était avec qui? _Avec mon amies_

   c'était où? _Au lycée_

   c'était pendant la journée ou le soir? _le soir_

   tu as payé combien? _____

7 Méli-mélo! Mets la conversation dans le bon ordre. Ensuite, dis qui a passé un bon week-end et qui a passé un mauvais week-end.

_____6_____ Et après?

_____5_____ François et moi, on est allés voir le nouveau film de Jean-Claude Van Damme.

_____2_____ Je suis allée visiter le château de Villandry avec ma famille. On a fait une visite guidée, et puis, on est montés dans une tour. La vue était superbe!

_____9_____ Sûrement pas! C'était nul. Je me suis ennuyée!

_____4_____ C'était super! Je me suis beaucoup amusée. Et toi, Mai? Qu'est-ce que tu as fait pendant le week-end?

_____7_____ L'après-midi, on a fait un pique-nique. Et le soir, on a assisté à un spectacle son et lumière.

_____3_____ C'était comment?

_____1_____ Salut, Adèle. Qu'est-ce que tu as fait pendant le week-end?

_____8_____ Ça t'a plu?

_____Adèle_____ a passé un bon week-end.

_____Mai_____ a passé un mauvais week-end.

8 Quel voyage! You've just returned from a month-long stay in France. Answer the questions below telling how you enjoyed your trip.

> magnifique   pas mal   incroyable   superbe   sensas   mortel
> nul   Ça m'a beaucoup plu.   Je me suis beaucoup amusé(e).
> sinistre   Je me suis ennuyé(e).

1. Tu as visité le Louvre? _Oui! C'était magnifique!_
2. Ça t'a plu, le voyage en train? _Ça m'a beaucoup plu_
3. Tu t'es amusé(e) au zoo? _Oui, c'était sensas_
4. Tu t'es bien amusé(e) au parc d'attractions? _Non, c'était nul_
5. C'était comment, le château de Chinon? _Je me suis beaucoup amusée!_

9 Raconte... Tell what happened the last time you really enjoyed yourself or the last time you were really bored. Tell where you went, with whom, what you did there, and what it was like.

Je me suis beaucoup amusée au Portland. Je suis allé avec mon père, ma mère, et ma sœur. C'était magnifique! Nous avons assisté à des concerts de blues, et nous avons mangé à Veritable Quandry. Nous nous sommes beaucoup amusée Ça m'a beaucoup plu!

Allez, viens! Level 2, Chapter 6

HRW material copyrighted under notice appearing earlier in this work.

■ DEUXIEME ETAPE

10 **La journée de Marthe** Read what Marthe wrote in her journal about her afternoon. Then, decide whether the statements that follow are true or false.

> Aujourd'hui, tout a été de travers. Ma copine Sophie et moi, on a décidé d'aller voir une exposition au musée après l'école. Jusque-là, tout allait bien. Malheureusement, j'avais oublié mes devoirs de maths et j'ai été collée jusqu'à six heures. Après, j'ai raté le bus et j'ai dû attendre le suivant pendant vingt minutes. Quand je suis finalement arrivée à la maison, j'ai vite dit à ma mère que j'allais retrouver Sophie au musée et je suis partie. Mais arrivée à l'arrêt de bus, je me suis rendu compte que j'avais oublié ma carte de bus, alors j'ai dû retourner la chercher chez moi. Après ça, j'ai pris le bus pour aller au musée. Quand je suis enfin arrivée là-bas, Sophie n'était plus là et en plus, le musée était en train de fermer. Alors, je suis rentrée chez moi sans avoir vu l'exposition. J'étais vraiment énervée!

_false__ 1. Marthe's afternoon went very smoothly.

_true__ 2. Marthe had to stay after school because she forgot her homework.

_true__ 3. She got home from school late because she missed the bus.

_false__ 4. Marthe walked to the museum.

_true__ 5. When she arrived at the museum, her friend Sophie had already left.

_false__ 6. Marthe went to see the exhibit without Sophie.

11 **La maison du _Dr. and Mrs. Van der Tramp_** Fill in the chart below with the infinitives of the verbs that you conjugate with **être** in the **passé composé**.

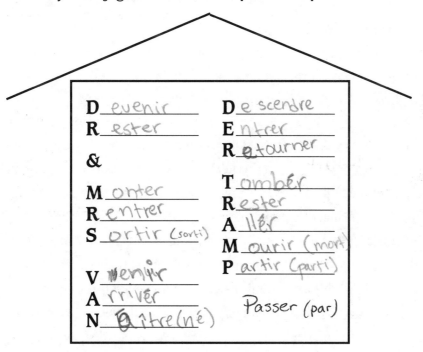

D _evenir___   D _escendre___
R _ester___   E _ntrer___
&   R _etourner___
M _onter___   T _omber___
R _entrer___   R _ester___
S _ortir (sorti)___   A _ller___
  M _ourir (mort)___
V _enir___   P _artir (parti)___
A _rriver___
N _aître (né)___   Passer (par)

12 Mots croisés Fill in the blanks in the clues. Then, use those words to complete the crossword puzzle.

HORIZONTALEMENT

1. J'ai donné à manger aux animaux. Ca m'a beaucoup _____ .
4. Patrick et Vanessa ont oublié leurs livres chez eux et ils sont _____ les chercher à midi.
8. J'ai _____ une visite guidée du château de Loches.
9. Mon petit frère a _____ la porte d'un salon à Chenonceau.
10. La semaine dernière, j'ai _____ un accident de voiture, mais ce n'était pas grave.
11. Paul était dans sa chambre. Sa mère l'a appelé et il est _____ .
12. Catherine de Médicis est _____ en 1519 et elle s'est mariée avec Henri II en 1533.

VERTICALEMENT

1. Quand je suis allé en France, je n'ai pas _____ mon appareil-photo.
2. Quelle journée! Tout a _____ de travers!
3. Les Lebeau sont _____ pour la plage, mais ils sont tout de suite revenus parce qu'il pleuvait.
4. Ma cousine Céleste est _____ d'Angleterre en mai, après avoir passé un mois à Londres.
5. Louis XVI et Marie-Antoinette sont _____ en 1793.
6. Après la mort d'Henri II, Catherine de Médicis est _____ régente de France.
7. Avant d'entrer dans le château de Chenonceau, Céline, Hector et Virginie ont _____ un guide du château.

13 Devine! Fill in the blanks in the paragraph below with the **passé composé** of the verbs in parenthesis. Then, see if you can guess what well-known story this is.

Une petite fille _est allé_ (aller) rendre visite à sa grand-mère. Dans la forêt, la petite fille _a vu_ (voir) un loup qui lui _a parlé_ (parler). Alors, la petite fille lui _a dit_ (dire) qu'elle allait rendre visite à sa grand-mère qui était malade. Le loup s'est dépêché d'arriver le premier chez la grand-mère de la petite fille et il _a mangé_ (manger) la grand-mère. La petite fille _est arrivée_ (arriver) chez sa grand-mère et elle _est entré_ (entrer) dans la maison. Elle _est montée_ (monter) et elle _est entré_ (entrer) dans la chambre de sa grand-mère. Quand elle _a parlé_ (parler) à sa grand-mère, elle a découvert que c'était le loup! Le loup s'est levé et il _a mangé_ (manger) la petite fille. La petite fille et sa grand-mère _est mout_ (mourir) et le loup _est devenu_ (devenir) très gros.

14 Au château de Blois Séverine just returned home after spending the day at the **château de Blois.** Imagine four or five things she did at the château. Tell in what order she did them, using words like **d'abord, après, ensuite,** and **finalement.**

> acheter partir tomber monter aller
> être rester visiter voir entrer descendre

d'abord, Séverine a visité le château de Blois. Elle est
entrée le château et elle a vu les tapestries. Après ça,
elle est decendue au bord. Ensuite, elle est restée au bord
et elle a regardé l'eau. Finalement, elle est partie le
château.

15 Mon œil! You don't believe what your friends are telling you. Choose your response to each of their remarks.

___f___ 1. Myriam n'a pas voulu manger avec nous après l'école.

___e___ 2. Diane a eu 5 à son interro de géométrie.

___d___ 3. Fatima a deux frères.

___g___ 4. Inès a fait de l'aérobic à six heures, ce matin.

___c___ 5. Cai a raté le bus parce qu'elle n'a pas entendu son réveil.

a. C'est pas vrai. Elle adore ses frères.
b. Tu plaisantes! Elle a toujours faim.
c. Ça m'étonnerait. Elle n'est jamais en retard.
d. C'est pas vrai. Elle est fille unique.
e. Pas possible! Elle est très forte en maths.
f. N'importe quoi! Elle est toujours très polie.
g. Mon œil! Elle déteste faire de l'exercice.

16 C'est pas vrai! Invent a tall tale about a classmate's visit to Blois. Then, write a remark someone might make upon hearing it.

> écrire des graffiti jeter des papiers par terre mettre du chewing-gum...
> casser une fenêtre faire tomber un coca déchirer le guide

17 A la gare Lis cette conversation entre Alain et sa mère et réponds aux questions suivantes en anglais.

MME MARTIN	Alain, tu es prêt à partir pour Paris?
ALAIN	Oui, j'ai acheté mon billet hier.
MME MARTIN	A quelle heure est-ce que le train part?
ALAIN	A onze heures dix.
MME MARTIN	Tu as acheté un aller-retour ou un aller simple?
ALAIN	J'ai acheté un aller simple. Je vais acheter mon billet de retour dimanche quand je rentrerai.
MME MARTIN	Combien coûte le billet?
ALAIN	Soixante-dix francs.
MME MARTIN	Et le train part de quel quai?
ALAIN	Du quai cinq.
MME MARTIN	Bien. Bon voyage, mon poussin.

1. At what time does Alain's train leave? __11:10__

2. Did Alain buy a one-way or a round-trip ticket? Why? __she is coming back__
__a few days later__

3. How much was the ticket? __70 F__

4. From which platform is the train going to leave? __5__

18 Où sont-ils? Find the six forms of the verb **ouvrir** hidden in this puzzle and write them in the blanks below.

```
W  L  I  K  O  U  V  R  O  N  S  J
O  U  D  V  T  A  M  U  N  C  E  O
P  U  H  K  E  T  B  P  W  D  G  U
E  S  V  Z  I  R  E  J  V  M  A  V
U  P  Q  R  T  U  M  I  C  J  E  R
K  H  I  C  E  S  E  O  S  G  U  E
E  W  P  O  D  N  L  A  Q  L  F  U
P  O  D  G  U  L  T  D  E  P  I  K
R  S  E  H  N  V  O  U  V  R  E  S
X  V  R  I  H  Y  R  U  A  D  P  E
N  D  G  O  U  V  R  E  Z  I  K  D
L  O  M  G  K  D  O  R  Y  N  O  E
```

j' __ouvre__

tu __ouvres__

il/elle/on __ouvres__

nous __ouvrons__

vous __ouvres__

ils/elles __ouvrent__

Nom __Fantine__ Classe __French 2__ Date _____

19 Au départ de Tours Help your friends arrive in Paris on time by telling them which trains to take. The train from Tours to Paris takes about an hour and a half. Once in Paris, they'll need thirty minutes to get from the train station to their destinations.

Numéro	44026	9143	4454	5401	4066	468	8433	246	8258	4472	9038
Départ	02.36	05.45	06.38	08.21	11.24	12.51	14.14	16.10	18.40	20.23	22.00

1. Elise doit être au travail à neuf heures du matin. Elle devrait prendre le train numéro
   _____4454_____ à _six hures trente-huit_

2. Gilles a rendez-vous au restaurant à six heures et demie du soir. Il devrait prendre le train
   numéro ___246___ à _seize heures dix_.

3. Thi doit retrouver son amie Mai à cinq heures moins le quart de l'après-midi. Il devrait
   prendre le train numéro ___8433___ à _quatorze heures quatorze_

4. Khalil a rendez-vous chez le dentiste à une heure et demie de l'après-midi. Il devrait prendre
   le train numéro ___4066___ à _onze heures vingt-quatre_

5. Valérie va à un concert qui commence à neuf heures du soir. Elle devrait prendre le train
   numéro ___8258___ à _dix-neuf heures moins vingt_ ~~dix-huit heures~~.

6. Emilie a cours à huit heures et quart du matin. Elle devrait prendre le train numéro
   _____9143_____ à ~~six~~ _heures moins le quart_

20 Au guichet Complète cette conversation entre un touriste qui veut acheter un billet et l'employé au guichet.

— _Excusez-moi_, monsieur. _C'est combien_, un billet pour Paris?

— Un _aller-retour_ coûte soixante francs et un aller simple coûte trente francs.

— Je voudrais _un aller simple_, s'il vous plaît.

— Ça fait trente francs.

— Le train part _à quelle heure_?

— A vingt heures trente.

— De quel _quai_?

— Du quai dix.

— _Merci_, monsieur.

— Je vous en prie.

21 Que de questions While you're buying your ticket at the train station, the ticket agent answers the phone. What questions do you think the caller is asking, based on the ticket agent's responses that you overhear?

— _A quelle heure est-ce que le train pour Paris part?_

— Le prochain train pour Paris part à treize heures vingt.

— _De quel quai?_

— Du quai neuf.

— _Combien coûte un aller-retour?_

— Cent francs.

22 Au Musée des Beaux-Arts   You and your friend want to visit the **Musée des Beaux-Arts.** Your friend has a brochure about the museum. Write five questions you might ask your friend to help you plan your trip to the museum, and write your friend's answers.

Musée des Beaux-Arts

Heures et jours d'ouverture : semaine 12 h – 20 h
                                    samedi et dimanche 12 h – 22 h
                                    fermé le mardi

Entrée principale au rez-de-chaussée
Accueil des groupes sur rendez-vous
Tarifs : 25 F,
           20 F, – pour les jeunes de 18 ans à 25 ans et pour les + de 60 ans
           gratuit avec le laissez-passer et pour les – de 18 ans
           gratuit le dimanche
Visites guidées des collections permanentes avec un guide
     du musée (sur présentation du ticket d'entrée),
     le lundi, mercredi et vendredi à 15 h et 18 h,
     le samedi à 14 h.
Cafétéria et boutique de cadeaux au 1er.

---

1. Q: A quel jour est-ce que la musée ouvres?
    A: Le samaine et le weekend, mais pas le mardi.

2. Q: A quelle heure est-ce que la musée ouvres?
    A: Le semaine a 12h-20h et le samedi et dimanche a 12h-22h

3. Q: Les Tarifs pour les jeunes de 18 ans à 25 ans, c'est combien?
    A: C'est 20F

4. Q: A quelle heure est-ce les visites guidées part?
    A: A 15h et 18h au semaine, et à 14h au weekend

5. Q: A quel jour?
    A: le lundi, mecredi, vendredi, et samedi.

go together

23 Lettre des U.S.A.   Imagine you're a French exchange student in the United States. You went on a school trip to a historical site. Write a letter to a friend in France, telling all about your trip and the site you visited.

_____
_____
_____
_____
_____
_____
_____
_____
_____
_____

■ LISONS!

Tourisme & Loisirs en Val de Loire

1. AMBOISE (Le Clos-Lucé)
Présentation de maquettes d'inventions de Léonard de Vinci et un film sur sa vie (55'). Ouvert du 1er février au 31 décembre de 9h à 19h. Entrée : Plein tarif : 34 F, groupe + 20 personnes : 23 F, scolaires : 16 F.
Tél : 47.57.62.88 – fax : 47.30.54.28

2. LE GRAND-PRESSIGNY (Le Château)
Château du XIIe, XVe, XVIe siècle, musée de la préhistoire. Ouvert tous les jours du 1er juin au 30 septembre de 9h30 à 18h30. Visite guidée de 90 mn. Entrée : Plein tarif : 20 F, groupes + 15 personnes : 16 F, scolaires : 5 F.
Tél : 47.94.90.20

3. LANGEAIS (Le Musée de l'Artisanat)
«Des Outils et des Hommes», 24 rue Saint-Laurent. Ouvert tous les jours du 1er avril au 30 septembre de 10 à 19h. Visite guidée de 60 mn. Entrée : Plein tarif : 25 F, groupes + 20 personnes : 20 F, scolaires : 12 F.
Tél : 47.96.72.64

4. LUSSAULT-SUR-LOIRE (Aquarium de Touraine)
Ouvert tous les jours, du 1er juillet au 31 août de 9h à 23h. Visite guidée de 90 mn. Entrée : Plein tarif : 35 F, groupes + 20 personnes : 30 F, scolaires : 20 F.
Tél : 47.23.44.44 – fax : 47.23.44.45

5. SAVONNIERES (Les Grottes)
Grottes pétrifiantes, 61 rue des Grottes pétrifiantes. Ouvert tous les jours du 1er avril au 30 septembre de 9h à 18h30. Visite guidée de 60 mn. Entrée : Plein tarif : 24 F, groupes + 16 personnes : 21 F, scolaires : 13/14 F.
Tél : 47.50.00.09 – fax : 47.50.01.03

6. TURPENAY (Monastère)
A Saint-Benoît-la-Forêt, monastère de Turpenay du XVe siècle. Ouvert tous les jours sauf le dimanche, du 1er juillet au 20 août de 10h à 11h30 et de 14h à 15h30. Entrée : 22 F.
Tél : 47.58.01.47

7. VALMER (Parc et jardins)
A Chançay, parc et jardins en terrasses et chapelle. Ouvert tous les après-midi sauf le lundi. Du 1er juillet au 31 août de 14h30 à 19h. Visite guidée de 60 mn. Entrée : Plein tarif : 25 F, groupes + 20 personnes : 20 F.
Tél : 47.52.93.12 – fax : 47.52.26.92

---

24 Renseignements pratiques   Answer these questions about the article above by writing the number(s) of the appropriate places.

1. If you're interested in nature, which places would you want to visit? _____

2. If you're interested in history, what should you visit? _____

3. What if you're interested in rocks and the formation of the earth? _____

4. If you want to see castles, where should you go? _____

5. Which places close for lunch? _____

6. Which places can you visit after 7 P.M.? _____

7. Which places don't offer guided tours? _____

8. Which place is the most expensive? The least expensive? _____

_____

9. Which places are closed on Sunday? On Monday? _____

_____

25 Et chez toi?   Describe in French a tourist attraction in your area that a visitor should see.

_____

_____

_____

CHAPITRE 6 Lisons!

■ PANORAMA CULTUREL

26 Les châteaux   Is the castle in this photo a **château fort** or a **château de la Renaissance**? How do you know?

_____

_____

_____

_____

_____

27 Les rois de France   Which of the following people and places are associated with these two kings of France?

Le château des six femmes   Diane de Poitiers   Léonard de Vinci   Clos-Lucé

Catherine de Médicis   Amboise   Chenonceau

François I	Henri II
_____	_____
_____	_____
_____	_____
_____	_____

NomClasseDate

7 En pleine forme

■ MISE EN TRAIN

1 Trop de conseils Complète le paragraphe suivant à l'aide des mots proposés ci-dessous pour résumer **Trop de conseils.**

> gymnase légumes pressé petit déjeuner dormi raplapla
> conseils forme sport couché

Aujourd'hui, Bruno n'a pas l'air en _____ . Il se sent tout _____ .

Il s'est _____ vers minuit hier soir et il a mal _____ . Il n'a pas

pris son _____ ce matin parce qu'il était trop _____ . En plus, il

fait rarement du _____ . Alors, Hector lui dit de venir au _____

pour faire de l'exercice avec lui.

2 Qui parle? Qui pourrait dire chacune des phrases suivantes, Bruno ou Hector?

_____ «Je suis toujours fatigué.»

_____ «Ça ne me dit rien d'aller au gymnase.»

_____ «Il est important de faire de l'exercice.»

_____ «Je me sens en forme parce que je m'entraîne.»

_____ «J'adore me coucher tard.»

_____ «Je vais souvent au gymnase.»

Nom _Fantine_ Classe _French 2_ Date _____

■ PREMIÈRE ÉTAPE

3 Expressions emmêlées Unscramble each of these sentences. Then, indicate whether each person is complaining or expressing concern.

	Complaining	Expressing Concern
1.		✓
2.	✓	
3.		✓
4.		✓
5.	✓	

1. ne / chose / pas / quelque / va

   Quelque chose ne va pas?

2. ne / sens / bien / je / pas / me

   Je ne me sens pas bien

3. air / pas / forme / en / n' / l' / tu / as

   Tu n'as pas l'air en form

4. as / que / est-ce / qu' / tu

   qu'est-ce que tu as?

5. raplapla / toute / je / suis

   Je suis toute raplapla

4 Qu'est-ce qu'ils ont? Match each of the following illustrations with the appropriate caption.

 _C_ 1.

 _d_ 2.

 _b_ 3.

 _a_ 4.

a. Il a mal à la gorge.

b. Il a mal dormi.

c. Il a un rhume.

d. Il a mal à la tête.

5 Toujours des excuses! Marianne a toujours des excuses pour ne pas faire ce qu'elle ne veut pas faire. Qu'est-ce que Marianne dirait si...

1. elle avait un examen de maths et elle n'avait pas étudié?

   «Maman, je ne peux pas aller à l'école, _J'ai mal dormi_ .»

2. une fille l'invitait chez elle et Marianne ne voulait pas y aller? (Cette fille a beaucoup de chats!)

   «Je ne peux pas venir chez toi, _J'ai des allergies_ .»

3. elle était à une fête où tout le monde chantait et elle ne chantait pas bien?

   «Je ne chante pas bien parce que _J'ai mal à la gorge_ .»

4. on l'invitait à un concert de Heavy Metal mais elle détestait ce genre de musique?

   «Je ne peux pas aller au concert, _J'ai mal à la tête_ .»

6 Les mots cachés Can you find fifteen words that refer to parts of the body? Circle each word you find. Words may read vertically, horizontally, or diagonally, and from left to right or right to left.

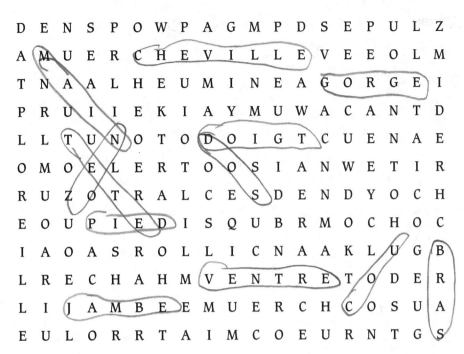

```
D E N S P O W P A G M P D S E P U L Z
A M U E R C H E V I L L E V E E O L M
T N A A L H E U M I N E A G O R G E I
P R U I I E K I A Y M U W A C A N T D
L L T U N O T O D O I G T C U E N A E
O M O E L E R T O O S I A N W E T I R
R U Z O T R A L C E S D E N D Y O C H
E O U P I E D I S Q U B R M O C H O C
I A O A S R O L L I C N A A K L U G B
L R E C H A H M V E N T R E T O D E R
L I J A M B E E M U E R C H C O S U A
E U L O R R T A I M C O E U R N T G S
```

7 La méduse a mal partout! Qu'est-ce qu'elle a, la pauvre méduse?

Elle a mal...

à la gorge _____.   au bras _____.

au dos _____.   à l'oreille _____.

au cœur _____.   le nez qui coule _____.

à la tête _____.   à la main _____.

8 Qu'est-ce qui est arrivé? Tout le monde s'est fait mal hier. Complète les phrases en mettant les verbes au passé composé.

1. Je ~~me suis~~ me suis coupé~~é~~ _____ (se couper) le doigt en préparant le dîner.

2. Pauline s'est cassé~~e~~ _____ (se casser) le pied quand elle est tombée.

3. Marius s'est coupé _____ (se couper) en se rasant *(shaving)*.

4. Janine s'est cassé~~e~~ _____ (se casser) le doigt en jouant au volley.

5. Luc s'est foulé _____ (se fouler) la cheville en marchant.

6. Lise s'est cassé~~e~~ _____ (se casser) la jambe en faisant du ski.

9 Chez le médecin Look at these people in the doctor's office and waiting room. Tell what's wrong with each of them.

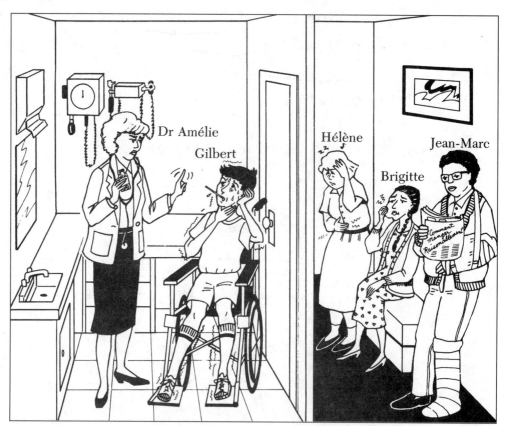

Gilbert ~~est~~ mal à la gorge et la grippe peut-être.

Hélène ~~est~~ mal à la tête et au ventre

Brigitte est mal aux dents

Jean-Marc est mal au bras

■ DEUXIEME ETAPE

10 Vrai ou faux?　Read this interview and decide whether the statements that follow are true or false.

— **Raphaël, tu t'entraînes pour les Jeux olympiques de l'an 2000, c'est ça?**
— Oui, je m'entraîne pour le décathlon.
— **Qu'est-ce que tu fais pour bien te nourrir?**
— Je fais toujours attention à ce que je mange. Je mange beaucoup de légumes et de fruits. J'évite de manger trop de sucre.
— **Et pour te mettre en condition?**
— Chaque jour, avant d'aller à l'école, je fais du jogging. L'après-midi, après l'école, je fais de l'exercice : de la musculation, des abdominaux, des pompes...
— **Quoi d'autre?**
— Quatre fois par semaine, je fais de la natation. Trois jours par semaine, je fais de l'aviron pour me muscler les bras.

____faux____ 1. Raphaël is preparing to be an Olympic skater.
____vrai____ 2. He eats a lot of fruits and vegetables.
____faux____ 3. Before school, he doesn't do any exercises or activities.
____vrai____ 4. In addition to watching his diet, he swims and jogs.
____faux____ 5. He swims three days a week.

11 Les parties du corps　Which part(s) of the body benefit from these exercises and sports?

1. les pompes : ____arms____
2. les abdominaux : ____abs____
3. l'aérobic : ____cardio + legs + arms____
4. le jogging : ____legs____
5. le volley : ____thighs, calves, shoulders, cardio____
6. le vélo : ____legs + cardio____

12 Méli-mélo　Mets cette conversation dans le bon ordre.

____7____ — Euh... je joue quelquefois au golf.
____4____ — Tu dois te coucher plus tôt!
____3____ — Tu t'es couchée à quelle heure?
____1____ — Pauline, quelque chose ne va pas? Tu n'as pas l'air en forme.
____9____ — Mais, le jogging, c'est pas mon truc.
____6____ — Tu fais souvent de l'exercice?
____4____ — Vers minuit.
____11____ — Bonne idée!
____5____ — Oui, tu as raison. Je suis toujours fatiguée.
____2____ — Je ne me sens pas bien. Je n'ai pas bien dormi.
____8____ — Tu ferais bien de faire du jogging deux ou trois fois par semaine avec moi.
____10____ — Alors, pourquoi tu ne fais pas de l'aérobic?

13 Au gymnase Tu travailles au gymnase. C'est à toi de recommander aux clients un programme d'entraînement.

a. Fais des suggestions aux clients suivants.

1. — J'ai besoin de tonifier mes bras.

   Tu dois faire des pompes

2. — Je voudrais avoir un ventre plus plat.

   Tu feras bien de faire des abdominaux.

3. — J'ai besoin de muscler mon corps entier.

   Tu devrais faire de l'aérobic

4. — Je voudrais être plus souple *(flexible)*.

   Tu dois faire du yoga

b. Design a detailed exercise program for a young man who wants to be a weight lifter. Tell what he should do, how often, and for how long or how many times.

Tu dois souvent faire des pompes et des abdominaux trois fois par
semaine. Tu devrais en peut faire de la gymnastique deux fois
par semaine aussi. Enfin, Tu ferais bien de t'entraîner
à la natation d'habitude un fois par semaine.

14 Trop de conseils Tes amis sont toujours en train de te donner des conseils. Réponds-leur!

C'est pas mon truc.	**Tu as raison.**	**Bonne idée!**	**Non, je n'ai pas très envie.**
Je ne peux pas.	**Pas question!**	**D'accord.**	**Non, je préfère...**

1. — Tu dois te coucher plus tôt!

   Tu as raison

2. — Tu ferais bien de faire de l'aérobic!

   Je ne peux pas

3. — Pourquoi tu ne fais pas de cyclisme?

   Bonne idée!

4. — Tu n'as qu'à jouer au tennis cet après-midi.

   Non, je préfère jouer au volley

5. — Tu ferais bien de faire du jogging avec moi.

   Pas question!

15 Mon cher ami Ton ami Lucien a beaucoup de problèmes en ce moment : il n'est pas en forme, il est toujours fatigué et il n'arrive pas à se concentrer à l'école. Ecris-lui un mot avec quelques suggestions.

Tu dois dormir pour dix heures souvent! Mange des légumes et des fruits. Tu dois faire du vélo avec moi sur le weekend, et jouer au volley avec moi et mes amies quelque fois!

16 «A quoi bon?» How would these students express their discouragement? Be sure to vary the expressions.

1. «Je suis au régime depuis quatre mois. Je n'arrive pas à maigrir.»

Je n'en peux plus!

2. «Je suis fatigué tout le temps et je dors en classe.»

Je craque!

3. «Mon entraîneur me demande de faire 100 pompes par jour.»

J'abandonne

4. «J'ai cinq ou six heures de devoirs tous les soirs.»

Je n'en peux plus!

17 Courage! Tu es conseiller/conseillère (counselor) de ta classe. Offre un peu d'encouragement aux élèves de l'activité 16 et fais-leur une recommandation pour résoudre leurs problèmes.

1. Courage! Mange des fruits et des légumes, et Ne mange pas des sucreries!

2. Allez! Tu dois souvent coucher à huit hueres et demie du soir!

3. Encore un effort! Tu dois faire de la gymnastique avec moi ce weekend!

4. Courage! Tu ferais bien d'étudier souvent avec tes amies!

Nom _Fantine_   Classe _French 2_   Date _____

■ TROISIÈME ÉTAPE

18 A ton avis,... C'est a) bon ou b) mauvais?

_b_   1. Michèle suit un régime trop strict.

_b_   2. Roland grignote entre les repas.

_a_   3. Justin mange peu de sucre.

_b_   4. Suzanne mange un seul repas par jour.

_a_   5. Francine boit un litre et demi d'eau par jour.

_a_   6. Philippe mange des légumes et des pâtes.

_b_   7. Martine met du sel dans tous les plats.

_b_   8. Léon ne fait jamais de sport.

_b_   9. Gilles mange beaucoup de produits riches en matières grasses.

_a_   10. Eliane se couche toujours de bonne heure.

19 Des habitudes   Read Simon's interviews with two French-speaking students. Then, indicate which boy is described in each of the statements that follow.

Karim Marzouk

— **Qu'est-ce que tu fais après l'école?**
— Oh, rien de spécial. Je rentre chez moi et je regarde la télé.
— **Tu ne fais pas de sport?**
— Non, c'est pas mon truc. Je dois en faire à l'école, mais c'est tout.
— **Qu'est-ce que tu aimes manger?**
— J'adore les hamburgers, les frites et la pizza.
— **Et qu'est-ce que tu prends pour le petit déjeuner?**
— Je suis toujours fatigué le matin, alors je me lève très tard. Je saute presque toujours le petit déjeuner parce que je suis pressé.

Didier Kouassi

— **Qu'est-ce que tu fais après l'école?**
— D'habitude, je fais de l'aérobic à la MJC ou de la musculation avec un copain.
— **Tu aimes faire du sport?**
— Oui, j'adore. Je fais du jogging tous les matins et du vélo le week-end. Quand je fais de l'exercice, je me sens très bien!
— **Est-ce que tu te nourris bien, à ton avis?**
— Oui, je crois que je me nourris assez bien. J'aime surtout les légumes et les fruits. Je mange aussi beaucoup de poisson, mais je ne mange jamais de viande.
— **Qu'est-ce que tu prends pour le petit déjeuner?**
— D'habitude, je prends des céréales ou du yaourt avec des fruits.

Karim   Didier

_____   _✓_   1. He is interested in staying in shape.

_✓_   _____   2. He usually skips breakfast.

_✓_   _____   3. He likes French fries.

_____   _✓_   4. He eats a lot of fruits and vegetables.

_✓_   _____   5. He doesn't like to exercise.

20 Qu'est-ce que je dois faire? Micheline, a French volleyball player, is anxious to improve her conditioning. Several of her friends have given her advice. Write **oui** next to the advice she should follow and **non** next to the advice she should ignore.

_____non_____ 1. Tu dois sauter des repas.

_____non_____ 2. Evite de boire de l'eau.

_____oui_____ 3. Evite de consommer trop de sel.

_____oui_____ 4. Tu dois bien te nourrir.

_____non_____ 5. Tu dois te coucher très tard.

_____oui_____ 6. Evite de suivre un régime trop strict.

21 De bons conseils What would the doctor say in response to the following people?

> C'est bon pour vous.   Ne sautez pas...   Vous ne devriez pas...
> Ça vous fera du bien.   Evitez de...   C'est meilleur que...

1. J'ai le cœur faible.

   Evitez des produits riches en sucre!

2. Je vais essayer de faire plus d'exercice.

   C'est bon pour vous

3. Je ne maigris pas, pourtant je ne mange qu'un repas par jour.

   _____

4. Je bois beaucoup d'eau minérale.

   Ça vous fera du bien

22 De mauvaises habitudes alimentaires Ton ami a de mauvaises habitudes. Regarde son menu et dis-lui ce qu'il devrait faire et ne pas faire, pour être en meilleure santé.

> Petit déjeuner: coca
> Casse-croûte: pâtisseries, chocolat chaud
> Déjeuner: sandwich au saucisson et fromage, chips, gâteau, coca
> Casse-croûte: pop-corn, coca
> Dîner: pizza, coca, glace

1. _Mange du yaourt avec des fruits! C'est meilleur que boire du coca!_

2. _Evitez de grignote etre les repas!_

3. _Tu ne devrais pas des produits riches en matières grasses et sucre! Mange plutôt une salade_

4. _Evitez de grignote etre les repas!!_

5. _Mange plutôt du viande, des legumes, et des pâtes. C'est meilleur pour vous._

Allez, viens! Level 2, Chapter 7   Practice and Activity Book **81**

HRW material copyrighted under notice appearing earlier in this work.

23 Et toi?

1. Est-ce que tu te couches souvent tard? A quelle heure?

   Oui. Je me couche souvent à minuit.

2. En général, est-ce que tu te nourris bien?

   Oui, je nourris d'habitude bien.

3. Est-ce que tu sautes le petit déjeuner? Dans quelles circonstances?

   Non, je ne saute jamais le petit déjeuner.

4. Est-ce que tu manges des fruits et des légumes? Lesquels?

   Oui! Je mange toujours des fruits et des légumes!

5. Est-ce que tu fais du sport? Lesquels?

   Oui, je joue au volley trois fois par semaine et faire du vélo

6. Est-ce que tu vas au gymnase quelquefois? Qu'est-ce que tu y fais?

   Oui, je vais au gymnase quelquefois. J'aime faire de l'aérobic!

24 La cantine   You're on a committee to recommend a more healthful menu for school lunches.

a. Before you suggest new menus, put the following foods into their proper groups.

glace   orange   poulet   chips   gâteau   banane   bœuf   pomme
beurre   carottes   salade   riz   mayonnaise   haricots   pain   poisson

céréales	légumes	fruits	protéines	matières grasses	sucreries
riz	carottes	orange	poulet	chips	glace
pain	salade	banane	bœuf	beurre	gâteau
	haricots	pomme	poisson	mayonnaise	

b. Now, create two healthful menus to propose to the committee.

du bœuf	du poulet
de la salade	la banane
du pain	le riz
la pomme	des haricots
les carottes	de la salade
l'orange	la pomme

■ LISONS!

L'été est une bonne période pour commencer une activité sportive.
Ce coup de "starter" de la forme sera votre assurance anti-kilos pour l'été prochain. Quel sport choisir?

La marche : pour entretenir la forme. Lorsque vous marchez, vous utilisez plus de la moitié des muscles du corps... Marchez d'un pas vif et sur des distances de plus en plus longues. Le golf est un sport d'adresse qui relève également de la marche. Il fait travailler plus spécialement les bras et les épaules, affine la taille. Promenade en forêt ou golf, en une heure, vous perdez 300 calories!

Le jogging : pour garder la ligne. Déconseillé aux personnes d'un certain âge et à celles qui n'ont jamais fait de sport, le jogging est particulièrement bon pour le cœur et les poumons. Il aide également à conserver la ligne. Au début, arrêtez-vous dès que vous vous sentez fatigué car il ne faut jamais forcer. Vous dépensez 350 à 420 calories en une heure.

La natation : pour se muscler en douceur. Sport excellent pour la respiration et la circulation sanguine, la natation affermit tous les muscles. Comme pour la marche, il n'est pas nécessaire de nager vite. Mieux vaut parcourir de nombreuses longueurs de bassin. La dépense en calories est de 300 à 350 par heure.

La bicyclette : pour les jambes et les cuisses. Ce sport remodèle cuisses et mollets. Pour que l'exercice soit utile, il faut le pratiquer au moins 30 minutes, trois fois par semaine. 300 à 350 calories dépensées en une heure.

Le tennis : pour les abdominaux et les jambes. Le tennis donne de la souplesse, fortifie les muscles abdominaux et amincit les jambes. A pratiquer une ou deux fois par semaine. La dépense énergétique est de 270 à 400 calories, selon le rythme adopté pendant la partie.

25 Des renseignements After you've read the article, use the information to complete the chart below in English.

Activity	Excellent for:	Calories burned:

26 Maintenant, à toi Imagine que tu commences une activité sportive. Quel sport est-ce que tu choisis? Pourquoi?

_____
_____
_____
_____

■ PANORAMA CULTUREL

27 **A la pharmacie**   What are some of the differences between the French **pharmacie** and the American drugstore?

_____

_____

_____

_____

_____

_____

28 **Les deux font la paire**   Can you match these French expressions with their English equivalents?

_____ 1. Ne réveillons pas le chat qui dort.

_____ 2. Il pleut des cordes.

_____ 3. J'ai des idées noires.

_____ 4. C'est simple comme bonjour.

_____ 5. Quand le chat n'est pas là, les souris dansent.

_____ 6. Il ne faut pas vendre la peau de l'ours avant de l'avoir tué.

_____ 7. ... quand les poules auront des dents.

a. When the cat's away, the mice will play.

b. Don't count your chickens...

c. It's as easy as pie.

d. Let sleeping dogs lie.

e. . . . until the cows come home.

f. It's raining cats and dogs.

g. I have the blues.

29 **A ton avis**   From what you've learned, do you think there are any differences between the French and American attitudes toward health? If not, how are they similar?

_____

_____

_____

_____

_____

_____

_____

C'était comme ça

■ MISE EN TRAIN

1 Vrai ou faux?   How well do you remember Koffi and Sandrine's conversation in **La Nostalgie?** Tell whether these sentences are true or false.

_____   1. Koffi is Sandrine's cousin.

_____   2. Sandrine likes Abidjan better than her village.

_____   3. In the village, she didn't have to help out at home after school.

_____   4. She used to go to a small school.

_____   5. She misses her village and her friends.

_____   6. There weren't many animals in her village.

_____   7. Sandrine likes Abidjan because she's anonymous; no one knows her.

_____   8. Koffi thinks Sandrine will love Abidjan within a few weeks.

2 Ville ou village?   Which of these words and phrases does Sandrine associate with her village and which does she associate with the city of Abidjan? Group the expressions in the appropriate circle below.

chanter   petit   danser   seuls   appartements   discuter   se promener

se réunir   grand

écouter de la musique   organiser des fêtes   super   merveilleux   prendre le bus

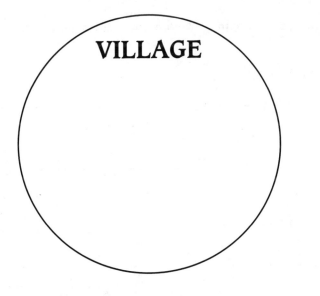

VILLAGE

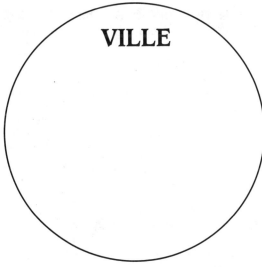

VILLE

■ PREMIERE ETAPE

3 Pensées nostalgiques   Match each quotation with the picture that illustrates what the speaker misses.

 a.
 b.
 c.
 d.

_____ C _____ **1.** «Mon prof de maths me manque beaucoup.»

_____ b _____ **2.** «Ce qui me manque, c'est mes grands-parents.»

_____ a _____ **3.** «Ma maison me manque.»

_____ d _____ **4.** «Mes copines me manquent.»

4 Ton ancienne école   Imagine you've moved to a new house and you're going to a new school. Write at least four sentences telling what you do and don't miss about your old school.

> Ce qui me manque, c'est...   Je regrette...   ...me manquent.
>   ...me manque.
>   Je ne regrette pas...   ...ne me manque pas.
> Ce qui ne me manque pas, c'est...   ...ne me manquent pas.

Ce qui me manque, c'est mon amie Miranda.
L'EPS ne me manque pas. Mon prof des maths
ne me manque pas aussi. Je regrette beaucoup ma
maison

5 Le nouvel élève   The new student misses his friends, his hometown, even his school! What would you say to console him?

1. — Je n'aime pas trop mes nouveaux profs!

Tu vas t'y faire

2. — L'école est tellement grande!

Tu vas te plaire ici!

3. — Les élèves sont snobs!

Fais-toi une raison

4. — La ville est dangereuse!

Tu vas voir que la ville n'est pas beaucoup dangereuse

6 Les souvenirs Lis ce dialogue entre Marcel et son ami Félix. Puis, réponds aux questions suivantes en anglais.

FELIX   Marcel, tu es content d'être revenu au village?

MARCEL   Dans un sens, oui, parce que ma famille et mes amis me manquaient beaucoup. Mais je me rends compte que la ville, c'était drôlement bien.

FELIX   Ah bon? Qu'est-ce que tu aimais en ville?

MARCEL   Ben, c'était toujours très animé. Il y avait des gens partout et il y avait toutes sortes de choses à faire. J'allais souvent au cinéma. C'était super. Ici, au village, il n'y a aucune distraction. La vie ici, c'est mortel.

FELIX   Mais non, c'est très bien, la vie au village. On peut se promener dans la nature, on connaît tout le monde... Et puis, au moins ici, c'est moins sale et moins dangereux. Moi, c'est sûr, je n'irai jamais habiter dans une grande ville, j'aime trop le calme.

1. Is Marcel happy to be back in the village?

   yes, but not too much.

2. What did he miss while living in the city?

   his family and friends

3. What does he miss about the city?

   all the things to do in the city, like going to the movies

4. What does Marcel think of life in the village?

   it's boring / quiet

5. What does Félix think about living in the village?

   it's great to be so close to nature and explore

6. Why doesn't Félix ever want to live in a big city?

   it'd be loud, not among nature, and dangerous

7 Qu'est-ce qu'elle a changé, la ville! Adama n'a pas vu sa ville natale depuis l'âge de cinq ans. Il y retourne et découvre que tout a changé. Complète ses phrases avec des expressions qui conviennent.

1. La ville est bruyante maintenant. Avant, _c'était calme_ .

2. Avant, la ville était propre. Maintenant, _c'est sale_ .

3. C'est animé maintenant. Avant, _c'était tranquille_ .

4. Se promener en ville, c'était relaxant. Maintenant, _c'est stressant_ .

5. Les gens sont très stressés. Avant, _Ils étaient relaxant_ .

8 Souvenirs de la Martinique Jane's pen pal recently moved from Martinique to Colmar. Read her letter and fill in the blanks with the appropriate imperfect forms of **avoir** and **être**.

Chère Jane,

Colmar, c'est très joli. Il y a beaucoup de montagnes et cet hiver, il y aura de la neige. Mais la Martinique et mes amis me manquent quand même. Puisque nous habitions si près de la mer, j'_avait_ (avoir) un bateau à voile. C'_était_ (être) toujours tranquille et relaxant à Fort-de-France. Je regrette les sports nautiques. Mon frère et moi, on allait à la pêche tous les matins avant d'aller à l'école. Je regrette aussi les fleurs et même les insectes. Ce qui me manque le plus, c'est les arbres. Devant ma maison en Martinique, il y _avait_ (avoir) de grands palmiers et des cocotiers. Je ne regrette pas notre maison de Martinique. Elle _était_ (être) trop petite pour toute ma famille. Ma nouvelle chambre est super-jolie avec des murs blancs, un très grand lit et beaucoup de fenêtres. En Martinique, ma chambre _était_ (être) très petite et les murs _étaient_ (être) verts. Je n'_avais_ (avoir) ni armoire ni commode. J'aimerais avoir de tes nouvelles. Ecris-moi vite.

A bientôt,

Sandrine

9 Un déménagement difficile! Your family recently moved into an apartment in the center of Paris. Write a letter to a friend in French telling how your life has changed and what you miss about where you used to live.

_____
_____
_____
_____
_____
_____
_____
_____
_____
_____
_____

■ DEUXIEME ETAPE

10 Marcel ou Jean-Luc?

Marcel était un très bon garçon. Chaque jour, il aidait sa mère à la maison. Bien sûr, il rangeait toujours sa chambre. Il se levait toujours tôt pour faire la vaisselle. Après l'école, il jouait avec son frère et il promenait le chien. Tous les week-ends, il tondait le gazon. Il faisait toujours ses devoirs et il avait de très bonnes notes. Il ne faisait jamais de bêtises. C'était un petit ange.

Jean-Luc était un très bon garçon. Il avait de bonnes notes, sauf en maths, parce qu'il n'était pas doué dans cette matière. Il aimait faire la sieste après l'école, donc quelquefois, il oubliait de faire ses devoirs. Quelquefois, il taquinait sa sœur. De temps en temps, il ennuyait ses parents, mais en général, c'était un bon garçon.

MARCEL	JEAN-LUC	
___	_✓_	1. He sometimes annoyed his parents.
_✓_	___	2. He used to play with his brother.
___	_✓_	3. He used to tease his little sister.
_✓_	___	4. He never did silly things.
___	_✓_	5. He wasn't a very good math student.
_✓_	___	6. He used to mow the lawn.

11 Un sondage

What were you like when you were younger? Respond to this survey by checking **oui** or **non** for each of the statements. Then, tally and interpret your score according to the guidelines that follow.

QUAND J'ETAIS JEUNE,...	OUI	NON
1. j'aidais mes parents.	✓	
2. j'ennuyais ma mère.	✓	
3. je regardais beaucoup la télé.		✓
4. je jouais avec mes frères et mes sœurs.	✓	
5. je rangeais ma chambre.		✓
6. je faisais toujours des bêtises.	✓	
7. je taquinais mes amis.		✓
8. j'avais de bonnes notes.	✓	
9. j'étais souvent collé(e).		✓
10. j'arrivais toujours en retard à l'école.		✓

3 points si tu as répondu **Oui** aux questions : 1, 4, 5, 8

3 points si tu as répondu **Non** aux questions : 2, 3, 6, 7, 9, 10

24-30 points : Tu étais un vrai petit ange quand tu étais enfant. Est-ce qu'aujourd'hui tu es toujours aussi bien élévé(e), aussi serviable et aussi gentil(le)?

15-23 points : Tu étais l'enfant rêvé(e) des baby-sitters : même si tu n'étais pas parfait(e), tu faisais de ton mieux pour le devenir.

Moins de 15 points : Tu étais plûtot du genre enfant terrible quand tu étais petit(e). Si tu pouvais revenir en arrière, est-ce que tu te comporterais de la même façon?

HRW material copyrighted under notice appearing earlier in this work.

12 Le jeu des sept erreurs
Gisèle was really naughty as a child. Correct the errors in bold type in the paragraph below.

> jeune,
> Quand Gisèle était ~~vieille~~, elle était une enfant très ~~facile.~~ polissonne A l'école, elle avait de
>
> ne   jamais
> mauvaises notes parce qu'elle **faisait ~~toujours~~** ses devoirs. Et puis, elle taquinait ses
>
> souvent   ennuyait
> camarades de classe et elle **n'était ~~jamais~~** collée. Chez elle, elle **aidait** sa mère et elle
>
> sale   diable
> faisait toujours des bêtises. Sa chambre était toujours **propre.** C'était un vrai **ange.**

13 Quand j'étais jeune...
Tell five things you used to do when you were young. Use the expressions below or others, if you choose.

Quand j'étais petit(e),... Quand j'étais jeune,... Quand j'avais... ans,...	**taquiner** faire se coucher ennuyer jouer s'amuser se lever **regarder** aller ???

1. Quand j'étais petite, je taquinais souvent ma soeur.

2. Quand j'étais jeune, je ne regardais pas le télé.

3. Quand j'avais six ans, je me couchais très tôt

4. Quand j'étais jeune, je jouais toujours avec mes amies

5. Quand j'étais petite, je s'amuser lire les romans.

14 L'enfance de mon père

Pour un cours d'histoire, Marion interviewe son père sur sa vie quand il était jeune. Remplis les blancs avec les formes correctes des verbes à l'imparfait.

MARION   Papa, quand tu _étais_ (être) petit, la vie _était_ (être) comment?

SON PERE   Quand j'_étais_ (être) jeune, la vie _était_ (être) beaucoup

plus simple. Mon frère, ma sœur et moi, on _allait_ (aller) à l'école,

on _travaillait_ (travailler) et on _jouait_ (jouer) ensemble. On

habitait (habiter) à la campagne, alors on _avait_ (avoir) beaucoup

de responsabilités. Mon frère Pierre _aidait_ (aider) mon père dans les

champs. Moi, je _donnais_ (donner) à manger aux poules et aux cochons. Ma

sœur _aidait_ (aider) ma mère dans la maison : elles _faisaient_

(faire) la vaisselle, la lessive et la cuisine ensemble.

MARION   Qu'est-ce que vous _faisiez_ (faire) pour vous amuser?

SON PERE   On n'_avait_ (avoir) pas de télévision, donc, on _jouait_

(jouer) aux cartes, on _parlait_ (parler) et on _lirait_ (lire).

J'_adorais_ (adorer) lire et j'_allais_ (aller) à la bibliothèque

chaque semaine, même en hiver.

15 Le pauvre roi

Le roi avait deux enfants très différents. La princesse était une enfant sage alors que le prince était très difficile. Fais une description du prince et de la princesse quand ils étaient petits. Comment étaient-ils et qu'est-ce qu'ils faisaient pour mériter leur réputation?

Le prince _taquinait toujours la princesse. Il faisait souvent_
des bêtises aussi. Il aimait ennuyer le roi.
Il se couchait très tard. Enfin, il avait de mauvais
notes à l'école.

La princesse _ne taquinait pas le roi ou le prince._
Elle lirait toujours les livres et les romans. Elle
se levait tôt et se couchait tôt. Elle jouait
au foot et elle faisait souvent de la natation.

Et toi?

Est-ce que tu ressemblais au prince ou à la princesse quand tu étais petit(e)? Comment?

Je ressemblais à la princesse une peu ET au
prince une peu. J'étais très sportif, et je me
levais et couchais tôt, mais je taquinais toujours
ma sœur!

Allez, viens! Level 2, Chapter 8   Practice and Activity Book   91

HRW material copyrighted under notice appearing earlier in this work.

CHAPITRE 8 Deuxième étape

■ TROISIEME ETAPE

16 **De l'espionnage** Decode each of the words below. The numbers in bold type spell out a souvenir that Didier bought for his friends at the market in Abidjan.

| maquis | mosquée | pagnes | panier | poterie | tam-tams | tissu |

8	1	11	12	9	3	13
m	o	s	q	u	é	e

5	4	2	6	13	7
p	a	n	i	e	r

5	4	10	2	13	11
p	a	g	n	e	s

8	4	12	9	6	11
m	a	q	u	i	s

14	6	11	11	9
t	i	s	s	u

5	1	14	13	7	6	13
p	o	t	e	r	i	e

14	4	8	–	14	4	8	11
t	a	m	–	t	a	m	s

Didier a acheté des ___masques___ pour ses copains.

17 **Un tour d'Abidjan** Use the words from Activity 16 to complete the letter below.

Abidjan, le 15 août

Chère Caroline,

J'adore Abidjan. Je suis très contente de passer mes vacances ici. Je fais plein de choses. D'abord, avec mes parents, on est allés voir une ___mosquée___. Malheureusement, on n'a pas pu y entrer parce les salles de prières sont réservées aux musulmans. Ensuite, on a acheté des ___masques___ au marché d'artisans. Ma mère adore les habits africains, alors, elle a décidé de s'en faire quand on rentrera en France. Elle a acheté des dizaines de mètres de ___poterie___ ! Elle veut mettre un ___pagne___. Toutes les femmes en portent ici. Moi, j'ai acheté un ___tam-tam___ pour Cédric. Je pense que ça lui fera plaisir, il adore la musique. Ma sœur s'est acheté un ___panier___. Les femmes s'en servent pour porter des choses sur la tête. On est aussi allés goûter des spécialités locales dans un petit ___maquis___ près de notre hôtel. Voilà ce qu'on a fait pour l'instant. Bon, je te laisse.

Gros bisous,
Adriane

18 Qu'est-ce que j'achète? Cédric can't decide what gifts to bring back from Abidjan for his family. Tell him what you think he should buy.

1. — Tu as une idée de cadeau pour mon frère? Il adore la musique.

   Si on achetait un tam-tam

2. — Qu'est-ce que je pourrais offrir à ma mère? Elle aime les vêtements originaux, surtout africains.

   si on achetait un pagne.

3. — Tu as une idée de cadeau pour mon père? Il s'intéresse aux objets d'art.

   Si on achetait un masque

4. — Qu'est-ce que je pourrais acheter à ma sœur?

   Si on achetait des tissus

19 Méli-mélo Sandrine et Koffi parlent de ce qu'ils veulent faire aujourd'hui. Remets les phrases de leur conversation dans le bon ordre en les numérotant de 1 à 7.

1. __2__ — Je l'ai visitée hier. Qu'est-ce qu'elle est belle!

2. __7__ — Allons-y plus tard. Je n'ai pas encore faim.

3. __5__ — C'est une bonne idée. J'ai besoin d'acheter des cadeaux pour ma famille.

4. __6__ — Si on allait au maquis?

5. __4__ — Bon. On commence par le marché de Treichville...

6. __3__ — Oui, très. Et si on allait au marché?

7. __1__ — Tu veux aller voir la cathédrale Saint-Paul, alors?

20 Expressions emmêlées Mets ces suggestions dans le bon ordre.

1. maquis / déjeunait / on / dans / si / un

   Si on déjeunait dans un maquis ?

2. on / si / mosquée / allait / la / voir

   Si on allait voir la mosquée ?

3. visitait / la / on / Saint-Paul / cathédrale / si

   Si on visitait la Cathédrale Saint-Paul ?

4. des / on / si / photos / prenait

   Si on prenait des photos ?

5. des / on / au / poteries / marché / si / achetait

   Si on achetait des poteries au marché. ?

21 Si on visitait Abidjan? Respond to your friend's suggestions. You should agree to at least one of them.

1. Si on allait voir un match de football?

    D'accord.

2. Si on achetait du tissu au marché?

    C'est une bonne idée!

3. Si on écoutait de la musique africaine?

    Non, je ne veux pas

4. Si on goûtait des spécialités ivoiriennes dans un maquis?

    Non, je préfère visiter la mosquée

22 Comme tu veux Aminata, who lives in the country, is visiting her cousin Djeneba in Abidjan. Aminata doesn't know what she wants to do, but Djeneba finally suggests something that interests her. Create this conversation.

D - Alors, Qu'est-ce que tu veux faire? A - Comme tu veux!
D - Si on visitait la mosquée! A - Eh, je ne veux pas.
D - Si on allait au marché? A - Oh, Oui! C'est une
bonne idée! D - Si on achetait des tissus
et des paniers. A - Je préfère acheter un
pagne. D - D'accord. Si on allait au maquis?
A - Oui! Allons-y.

◼◼ LISONS!

Abidjan, le Paris de l'Afrique

A VOIR

La cathédrale Saint-Paul   C'est une très belle cathédrale catholique. A aller voir de préférence le dimanche à 9h30 quand il y a un chœur. Visite possible le dimanche à 11h également. Attention, pas de visites durant la semaine.

Le Musée national d'Abidjan   Ce musée abrite une merveilleuse collection de plus de 20.000 objets d'art (statues en bois, masques, poteries, objets en bronze et en cuir). Visites de 9h à 12h et de 15h à 18h. Fermé le lundi.

Le parc du Banco   Situé aux limites de la ville, c'est une réserve naturelle qui attire de nombreux touristes. Le matin, vous pourrez aussi y voir les célèbres «laveurs» qui viennent faire leur lessive dans la rivière du Banco.

A DEGUSTER

Votre visite d'Abidjan n'est pas complète si vous n'allez pas manger dans un des nombreux maquis. Essayez **les spécialités régionales,** surtout l'aloco et le foutou.

MARCHÉS

Les meilleurs endroits pour trouver des objets artisanaux sont les marchés : **le marché de Cocody, le marché du Plateau** ou **le marché de Treichville.**

EXCURSIONS

Grand Bassam   A 40 km d'Abidjan. Grand Bassam était la capitale de la Côte d'Ivoire jusqu'au début du vingtième siècle. Le centre-ville est en ruine mais on commence à y restaurer les bâtiments. Vous pouvez y essayer l'un des nombreux maquis ou tout simplement vous reposer sur les magnifiques plages où des cabanes sont offertes en location.

Bingerville   A 15 km d'Abidjan. Une petite ville charmante construite sur un plateau. Allez voir **les jardins botaniques** dont les fleurs, épices et autres plantes vous enchanteront. Vous pouvez aussi y admirer l'ancien **palais du Gouverneur,** aujourd'hui un orphelinat, qui est un bon exemple de l'architecture coloniale. De 8h à 18h, visitez également **l'Atelier d'art,** une école d'art pour les jeunes Africains.

---

23 Les recommandations   Which of the sites listed above would you recommend to a friend who is interested in . . .

1. studying flowers and other plants? _____

2. trying exotic new foods? _____

3. studying different types of architecture? _____

4. going to the beach? _____

5. looking at sculptures, pottery, and masks? _____

24 A toi   Which of these places would you be most interested in visiting? Why?

_____

_____

_____

_____

_____

CHAPITRE 8 Lisons!

■ PANORAMA CULTUREL

25 Au lycée   What is life like for high school students in **Côte d'Ivoire?** What are the advantages and disadvantages of their school system?

_____
_____
_____
_____
_____
_____
_____
_____
_____
_____

26 Les comparaisons   What are some differences and similarities between life in an African village and life in a small town in the United States?

_____
_____
_____
_____
_____
_____
_____
_____
_____
_____
_____
_____
_____
_____

CHAPITRE 8 Panorama culturel

Nom_____ Classe_____ Date_____

Tu connais la nouvelle?

■ MISE EN TRAIN

1 Qui...

Arlette

Odile

Charlotte

Pascale

_____ 1. était au parc avec Cédric?

_____ 2. ne croit pas qu'il y ait quelque chose entre Cédric et Arlette?

_____ 3. part pour ne pas devoir parler avec Cédric?

_____ 4. aime les complications?

_____ 5. a vu Cédric et Arlette dans le parc?

_____ 6. est fâchée?

2 Il ne faut pas se fier aux apparences   Complète le journal d'Odile.

| petit copain | raconté | apparences | vu | | avaient | dit |
| embrassé | | tendrement | fâchée | | amoureux |

Cher journal,

Aujourd'hui, j'ai _____ Cédric et Arlette dans le parc. Ils _____ l'air

de bien s'entendre. Ils se parlaient _____ et Cédric a _____ la main

d'Arlette. Quand j'ai _____ l'histoire à Charlotte, elle a _____ que je

voyais des histoires d'amour partout et qu'il ne fallait pas se fier aux _____.

Cédric est le _____ de Pascale. Mais il avait l'air d'être _____ d'Arlette.

Maintenant, Pascale est _____ et Cédric ne comprend pas pourquoi.

■ PREMIERE ETAPE

3 Des réactions   Comment sont ces gens d'après ce qui leur est arrivé?

_e_ 1. Sylvain a renversé du coca sur son pantalon.

_d_ 2. Philippe a gagné à la loterie.

_b_ 3. Jean-Paul a eu 7 à son interro de biologie.

_e_ 4. Antoine n'a pas reçu de nouvelles de sa petite amie depuis une semaine.

_a_ 5. Pierre a rencontré la fille de ses rêves.

~~a.~~ Il est amoureux.

~~b.~~ Il est déprimé.

~~c.~~ Il est énervé.

~~d.~~ Il est de bonne humeur.

~~e.~~ Il est inquiet.

4 Des humeurs contraires   Mets chaque expression dans la catégorie qui lui correspond.

content   fâché   furieux   amoureux   inquiet   de mauvaise humeur

déprimé   gêné   de bonne humeur   mal à l'aise   heureux

☺	☹
content	fâché
amoureux	furieux
de bonne humeur	inquiet
heureux	de mauvaise humeur
	déprimé
	gêné
	mal à l'aise

5 Comment tu te sens?   Comment tu te sens quand tu es dans les situations suivantes?

Exemple : Tu dois parler devant toute la classe.
Je suis gêné(e).

1. Tu as un A en français.

   Je suis content

2. Tu es habillé(e) élégamment _(elegantly)_.

   Je suis de bonne humeur

3. Tes parents te disent que tu ne peux pas sortir.

   Je suis déprimé

4. Tu as perdu ton portefeuille.

   Je suis énervée

5. Tu n'as pas entendu ton réveil et tu es en retard pour l'école.

   Je suis fâché

CHAPITRE 9 Première étape

98 Practice and Activity Book

Allez, viens! Level 2, Chapter 9

HRW material copyrighted under notice appearing earlier in this work.

6 A la cantine   Tu es à la cantine avec tes amis et vous parlez de vos camarades de classe. Choisis la phrase qui répond le mieux à chaque remarque.

_____c_____ 1. Je me demande pourquoi Gilbert est de mauvaise humeur.

_____e_____ 2. Je crois que Karima regrette sa vie au Maroc.

_____d_____ 3. Je parie que Maurice s'est bien amusé ce week-end.

_____a_____ 4. Je me demande pourquoi Li n'était pas en classe aujourd'hui.

_____b_____ 5. Madeleine a l'air déprimée. Peut-être qu'elle a raté son interro d'histoire.

a. Je crois qu'elle a la grippe.

b. Tu as peut-être raison. Ce n'est pas son fort.

c. Peut-être qu'il a raté son interro d'anglais.

d. Evidemment. Il est allé dans un parc d'attractions super.

e. C'est possible. Elle a l'air déprimée.

7 A ton avis   Tell how your four classmates look in the illustrations below and what you think might have happened to make them feel that way.

Bryan

Denise

Jason

Juan

1. Bryan est de mauvais humeur parce-qu'il a raté le bus.

2. Denise est très hereuse. Je crois qu'elle a gagné le competition du tennis.

3. Jason est de bonne humeur parce-qu'il peux sortir avec ses amies.

4. Juan est gêné. Je parie qu'il a perdu le match au foot.

CHAPITRE 9 Première étape

8 **Tu es d'accord ou non?** Imagine que ton ami te dise les choses suivantes. Comment tu lui réponds?

Exemple : Je crois que tu vas rencontrer Luke Perry.
C'est possible. Je vais à Los Angeles en juin.

1. A mon avis, tu as un peu grossi.

   A mon avis, tu te trompes. Je jouer toujours au volley!

2. Je parie que tu vas encore avoir une super note ce trimestre.

   Évidemment. J'ai un A!

3. Je crois que tu vas réussir ton interro.

   _____

4. Tu vas en France l'été prochain, non?

   C'est possible. C'était très beau!

5. A mon avis, tu devrais faire de l'exercice.

   Je ne crois pas. J'ai maigri!

9 **Qu'est-ce qui se passe?** You look out a window of your house and see an ambulance at the house across the street. How many different explanations can you think of?

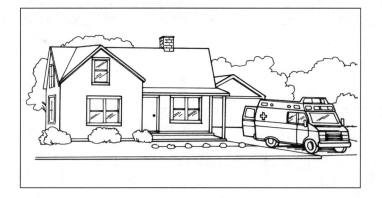

se casser quelque chose

se couper   tomber

se disputer

avoir un accident

???   se faire mal à

_____
_____
_____
_____
_____
_____
_____
_____

Nom _Fantine_ Classe _French 2_ Date _____

■ DEUXIEME ETAPE

10 Quel week-end! Lis cette lettre que ton amie Brigitte t'a envoyée pour te raconter son week-end, puis réponds aux questions suivantes.

> *Quel week-end! Tu ne devineras jamais ce qui s'est passé! D'abord, j'ai eu un petit accident samedi matin. C'était pas grave, mais je suis arrivée en retard au travail. J'ai raté un rendez-vous avec un client important et mon patron avait l'air fâché. Ensuite, à midi, je me suis disputée avec Jean, mon petit ami. Heureusement, on n'a pas cassé; on a décidé de sortir dimanche. Dimanche, je devais retrouver Jean au café, mais en route, ma voiture est tombée en panne et j'ai manqué notre rendez-vous. Du coup, il a rencontré une fille au café et ils sont allés au cinéma. Qu'est-ce que je peux faire? Je suis vachement déprimée.*
>
> *Brigitte*

1. Why did Brigitte get to work late?
   she had a small accident

2. Why was her boss angry?
   She missed a meeting with an important client

3. What happened during lunch?
   She had a fight with Jean

4. Why did Brigitte miss her date with Jean?
   her car flipped (?)

5. What happened to Jean at the café?
   he went to the movies with a girl

HRW material copyrighted under notice appearing earlier in this work.

11 Mets dans l'ordre   Mets l'histoire de François et de Janine dans le bon ordre.

___2___ François est allé chercher Janine chez elle.

___6___ François a réparé la voiture.

___1___ Vendredi soir, François et Janine avaient rendez-vous.

___8___ Janine a été privée de sortie.

___5___ En route pour le café, ils sont tombés en panne.

___4___ Après le film, ils ont décidé d'aller au café.

___7___ Janine est rentrée chez elle très tard.

___9___ Elle a fait la tête pendant tout le week-end.

___3___ Ils sont allés au cinéma.

12 Imparfait ou passé composé?   Adèle's grandfather is telling her how he met her grandmother. Read their conversation and then choose the reason why each verb in bold type is in the **imparfait** or the **passé composé**.

Imparfait	Passé composé
a. describes something/someone in the past	**d.** tells what happened
b. tells what used to happen	
c. sets the scene	

— Dis, Papy, tu me racontes comment tu **(1) as rencontré** Mammie?

— Si tu veux. C'**(2) était** en mil neuf cent quarante-huit. J'**(3) avais** dix-neuf ans. J'avais quitté ma famille pour aller à l'université à Lyon. J'**(4) étais** seul et très déprimé. J'**(5) allais** souvent me promener au parc de la Tête d'Or. C'est là que j'**(6) ai vu** ta grand-mère pour la première fois. Elle **(7) était** si belle! Je **(8) suis tombé** amoureux d'elle; c'était le coup de foudre!

— Tu lui **(9) as parlé** tout de suite?

— Oui. J'**(10) étais** très gêné parce que je ne la connaissais pas. Mais elle **(11) était** très gentille. J' **(12) allais** au parc tous les jours à cette époque-là. On **(13) est devenus** amis et puis, on **(14) a commencé** à sortir. Tu connais la suite.

1. ___d___   2. ___c___   3. ___a___   4. ___a___   5. ___b___   6. ___d___

7. ___a___   8. ___d___   9. ___d___   10. ___a___   11. ___a___   12. ___b___

13. ___d___   14. ___d___

13 Une soirée épouvantable Chantal had a frightening evening. Complete her story by filling in the correct form of each verb in parentheses in either the **passé composé** or the **imparfait**.

C'_était_____ (être) la nuit. Il _faisait_____ (faire) noir. J'_étais_____

(être) en ville. Il n'y _avait_____ (avoir) personne. Les magasins

_ont été_____ (être) fermés. Il n'y _a eu_____ (avoir) pas un bruit.

J'_étais_____ (être) inquiète. Je/J' _ai marché_____ (marcher) vite. Tout à

coup, j'_ai entendu_____ (entendre) quelqu'un derrière moi. J'_avais_____

(avoir) peur. Je _me suis dépêché_____ (se dépêcher) de rentrer. Je _suis entré_____

(entrer) dans la maison. Je/J'_ai raconté_____ (raconter) l'histoire à mes parents. A ce

moment-là, mon frère _est entré_____ (entrer) dans la maison. Il avait l'air amusé.

C'_était_____ (être) lui qui _a été_____ (être) derrière moi en ville!

14 Les nouvelles Ton ami(e) qui a déménagé voudrait avoir des nouvelles de vos copains du lycée. (Qui a rompu avec qui? Qui est amoureux (-euse) de qui? Qui a eu un accident? Qui est privé(e) de sortie et pourquoi? etc.) Exagère un peu les faits.

Tu connais la nouvelle?	Tu ne devineras jamais...	Tu sais ce que...
Tu sais qui...	Devine ce que...	Devine qui...

_____

_____

_____

_____

_____

_____

15 Une histoire marseillaise In the space below, create your own **histoire marseillaise**.

_____

_____

_____

_____

_____

_____

_____

_____

■ TROISIEME ETAPE

16 A la recherche d'un cadeau
Choisis les verbes qui complètent les phrases suivantes. Ecris les lettres de ton choix dans les blancs ci-dessous pour découvrir ce que Marc a acheté à sa mère.

u n e c l i r o e

1. Il _____ quand j'ai décidé d'aller au grand magasin.
   u. pleuvait   d. a plu

2. Le lendemain, c'_____ l'anniversaire de ma mère et j'ai voulu lui acheter un cadeau.
   n. était   e. a été

3. J'hésitais entre une écharpe et un sac à main quand (j')_____ un très joli bracelet.
   e. ai vu   a. voyais

4. Malheureusement, je _____ assez d'argent.
   p. n'avais pas   **c. n'ai pas eu**

5. Alors, je (j') _____ au marché aux fleurs pour acheter des roses.
   t. allais   **l. suis allé**

6. Mais les roses _____ encore plus chères que le bracelet.
   i. ont été   a. étaient

7. Je _____ quoi faire.
   n. ne savais pas   **r. n'ai pas su**

8. J'_____ en train de sortir du marché quand la vendeuse m'a fait une bonne suggestion.
   o. ai été   t. étais

9. Je _____ sans hésiter.
   e. l'ai achetée   n. l'achetais

17 Qu'est-ce que tu faisais quand... ?
Complète chacune de ces phrases.

1. _____
   _____ quand j'ai entendu mon réveil.

2. _____
   _____ quand mon copain Alex m'a téléphoné.

3. Je me promenais dans le parc quand... _____
   _____ .

4. J'attendais le bus pour aller à l'école quand... _____
   _____ .

18 La star
Choose the appropriate words or expressions to complete Ariane and Maud's conversation.

à propos de donc à ce moment-là bref heureusement quoi

c'est-à-dire que tu vois malheureusement Raconte! Aucune idée. Dis vite!

ARIANE Tiens, Maud, devine un peu ce qui m'est arrivé.

MAUD _Dis vite!_ Raconte.

ARIANE Eh bien, figure-toi qu'hier, Elvire et moi, on est allées sur les lieux du tournage du dernier film de Luc Besson.

MAUD Ah oui, j'ai entendu dire que c'était filmé dans la région.

ARIANE Oui. _Bref_, on a vu Luc Besson qui s'approchait de nous.

MAUD C'est pas vrai!

ARIANE Si, et tu sais ce qui s'est passé?

MAUD _Raconte!_

ARIANE Il m'a demandé si je voulais bien jouer un petit rôle dans une des scènes du film.

MAUD Ouah! C'est super! Mais pourquoi il t'a choisie, toi?

ARIANE Ben, _tu vois_, la fille qui devait jouer ce rôle était malade et comme je lui ressemble, Luc Besson m'a demandé de la remplacer.

MAUD Ah, je vois. _Heureusment_ que tu étais là!

19 Devine!
Marie-Paule had an exciting day today. What does she tell her best friend Audrey when she calls the next day? Write this conversation according to her diary entry.

Antoine au café
perdue en ville
accident
cassé le bras
Visite d'Antoine : fleurs et bonbons!
♡ ♡ ♡ ♡ ♡ ♡ ♡ ♡

MP: A propos, j'ai rendez-vous avec Antoine au café!

A: Oh-là-là! Raconte!

MP: C'était génial! J'ai sens très amaroux. Donc, j'ai perdue en ville! Malheureusment j'ai tombé sur le trottoir aussi. J'ai cassé me bras!

A: C'est pas vrai.

MP: C'est très vrai! Mais, tu vois, Antoine a visité avec des fleurs et bonbons! J'ai tombé amoreuse avec le.

Allez, viens! Level 2, Chapter 9   Practice and Activity Book 105

HRW material copyrighted under notice appearing earlier in this work.

CHAPITRE 9 Troisième étape

20 La panne d'électricité Qu'est-ce que ces gens étaient en train de faire quand il y a eu une panne d'électricité?

Exemple : Marie faisait ses courses.

Marie était en train de faire ses courses.

1. Antoine faisait ses devoirs.

    Antoine était en train de faire ses devoirs

2. Philippe écrivait une lettre à Antoine.

    Philippe était en train d'écriver un lettre à Antoine

3. Angèle et Catherine parlaient au téléphone.

    Angèle et Catherine étaient en train de parler au téléphone

4. Nous préparions le petit déjeuner.

    Nous étaions en train de préparer le Petit de jeuner

5. Est-ce que vous regardiez la télé?

    Est-ce que vous étaiez en train de regarder la télé?

21 Quelle semaine! Bob is writing to tell his best friend Doug about his first week in France as an exchange student. Imagine his letter.

_____
_____
_____
_____
_____
_____
_____
_____
_____

■ LISONS!

22 Lisons!

Est-ce que tu es un(e) véritable ami(e)?

Fais ce petit test pour savoir quelle sorte d'ami(e) tu es.

1. Un copain arrive chez toi sans te prévenir. Il s'installe devant la télé alors que tu fais la vaisselle.
   a. Tu laisses la vaisselle pour aller le rejoindre avec deux bouteilles de coca.
   b. Tu lui dis d'aller chercher deux bouteilles de coca dans la cuisine et de baisser *(lower)* le son.
   c. Tu lui dis que, s'il veut regarder la télé, il doit d'abord t'aider dans la cuisine - ça ira plus vite.

2. Tu es invité(e) à un anniversaire. A la fin,...
   a. tu restes pour aider à tout remettre en place.
   b. tu remercies ton ami(e) chaleureusement.
   c. tu pars sans lui dire merci.

3. Quand tu fais un cadeau à un(e) ami(e),...
   a. tu demandes à son frère ou à sa mère ce qui lui ferait plaisir.
   b. tu lui offres ce qui te ferait plaisir.
   c. tu sais exactement ce qu'il/elle aime.

4. On se moque de l'un de tes amis devant toi. Le portrait qu'on fait de ton ami(e) est exact.
   a. Tu ris avec tout le monde en ajoutant des détails que tu es le/la seul(e) à connaître.
   b. Même si tu trouves qu'ils ont raison, tu défends ton ami(e).
   c. Tu te pinces pour ne pas rire.

5. Quand tu te rends compte que c'est de toi que l'on se moque,...
   a. tu ris avec tout le monde.
   b. cela te fait du mal, mais tu ne le montres pas.
   c. tu montes sur tes grands chevaux *(get angry)*.

6. Tu t'es fait de nouveaux copains pendant les vacances.
   a. Tu notes leur adresse.
   b. Tu leur donnes ton adresse.
   c. Tu ne notes pas leur adresse car tu sais que tu ne leur écriras jamais.

7. Ton ami(e) t'emmène au musée mais tu n'aimes pas du tout ça.
   a. Tu lui demandes de t'expliquer pourquoi il/elle aime toutes ces vieilles choses.
   b. Tu le/la laisses en plan *(leave stranded)*.
   c. Tu lui donnes rendez-vous à la sortie. Pendant ce temps, tu vas au café.

COMPTE TES POINTS
1 point pour : 1a 2a 3c 4b 5a 6a 7a
2 points pour : 1b 2b 3a 4c 5b 6b 7c
3 points pour : 1c 2c 3b 4a 5c 6c 7b

RESULTATS

Tu as obtenu de 5 à 9 points : Tu es un bon copain, un véritable ami. Mais tu fais trop d'efforts pour réussir à plaire à tes amis. C'est sympa de respecter la personnalité de ceux que tu aimes mais il faut que l'inverse soit vrai aussi!

Tu as obtenu de 10 à 16 points : Toi aussi, tu es un bon copain, un véritable ami. Tu respectes la personnalité de ceux que tu aimes, mais tu ne te laisses pas faire. Au fond, tu es dans le vrai, toi, avec ta volonté d'être aimé(e) tel(le) que tu es!

Tu as obtenu de 17 à 21 points : On ne peut pas dire que tu sois l'ami(e) idéal(e). Malgré ton égoïsme, tu arrives quand même à te faire des copains.

a. Et toi? Write down your results in English here.

_____
_____
_____

b. Tu es d'accord? Do you agree with your results? Why or why not?

_____
_____
_____

■ PANORAMA CULTUREL

23 En Provence   Choose the appropriate words to complete these sentences about Provence.

> particuliers   Deux Garçons   le Cours Mirabeau   histoire marseillaise   provençal

1. _____ , c'est le plus beau boulevard d'Aix.

2. Je veux acheter un souvenir d'Aix pour ma mère. Peut-être du tissu _____?

3. Si on allait prendre une limonade aux _____? Peut-être qu'on verra quelqu'un de célèbre!

4. Michel exagère tout. Ce qu'il t'a raconté n'était pas vrai. C'était une _____.

24 Copain ou ami?

a. Would each of these speakers classify the person they're describing as **a) un copain/une copine** or **b) un(e) ami(e)**?

_____ Carole et moi, on se voit presque tous les jours. Quand on ne peut pas se voir, on se téléphone pour se raconter ce qu'on a fait pendant la journée. Je l'aime beaucoup parce qu'elle me comprend. On peut tout se dire.

_____ J'aime bien aller faire du sport avec Sylvain. Il est très sympa et très rigolo et en plus, il aime les mêmes sports que moi. Sinon, à part ça, on ne se voit pas trop en dehors du gymnase. De temps en temps, on va au cinéma ensemble, mais c'est tout.

_____ Je ne sais pas ce que je ferais sans Patrice. Il est toujours là quand j'ai besoin de lui. Il m'aide à l'école parce que j'ai beaucoup de difficultés, surtout en maths. Il m'explique quand je ne comprends pas et il ne se moque jamais de moi.

_____ On se connaît depuis qu'on a trois ans, Mylène et moi. On est toujours ensemble. D'ailleurs, beaucoup de gens croient qu'on est sœurs. Moi aussi, des fois, j'ai l'impression que c'est ma sœur. Personne ne me comprend mieux qu'elle et c'est à elle que je me confie quand j'ai des problèmes.

_____ Françoise est dans ma classe. Elle est assez sympa et on s'entend bien. Parfois, on va au café ensemble après les cours. On parle du lycée, des profs, des copains. On se raconte les dernières nouvelles. Bref, on rigole bien.

b. Do we have this same distinction in English? What words would you use for **un copain/une copine**? And for **un(e) ami(e)**?

_____

_____

_____

_____

10 Je peux te parler?

■ MISE EN TRAIN

1 C'est qui?

Pascale

Arlette

Antoine

1. _____ va bientôt fêter son anniversaire.

2. _____ propose d'utiliser des assiettes en carton.

3. _____ apprécie les conseils d'Arlette.

4. _____ ne sait pas quoi mettre pour la soirée.

5. _____ a déchiré sa robe rose.

6. _____ pense que Pascale aimerait un poster de Cézanne.

7. _____ a offert un CD à Pascale l'année dernière.

8. _____ a deux places pour un concert.

2 Méli-mélo!   Remets les événements de **Qu'est-ce que je dois faire?** dans le bon ordre.

_____ Antoine invite Arlette au concert.

_____ Arlette rencontre Antoine en ville.

_____ Pascale demande des conseils à Arlette pour organiser sa fête.

_____ Arlette demande à Pascale ce qu'elle va porter à sa fête.

_____ Arlette dit à Pascale qu'elle devrait inviter Cédric.

_____ Antoine suggère qu'Arlette offre un CD à Pascale.

_____ Arlette se rend compte qu'elle doit choisir entre la fête de Pascale et le concert.

_____ Antoine suggère qu'Arlette offre un poster à Pascale.

■ PREMIÈRE ÉTAPE

3 Pauvre Hervé Poor Hervé always has problems. Read the notes that he wrote asking for advice. Then, match the notes with the pictures that illustrate them.

_____ 1. «J'ai un problème. Hier soir, au guichet, j'ai ouvert mon portefeuille, et... je n'avais plus d'argent! Disparu! Alors, Pierre a payé pour moi et on a vu le film, mais je me demande où j'ai mis mes cinquante francs. Je ne peux pas dire à mes parents que je les ai perdus. A ton avis, qu'est-ce que je dois faire?»

a.

b.

_____ 2. «Je ne sais pas quoi faire. J'ai beaucoup étudié pour l'interro de chimie, mais j'ai eu une mauvaise note. Et d'habitude, la chimie, c'est mon fort. Mes parents vont être furieux. Qu'est-ce que tu me conseilles?»

c.

4 Je peux te parler? Adrienne et Alain se parlent au téléphone. Complète leur conversation à l'aide des expressions proposées ci-dessous.

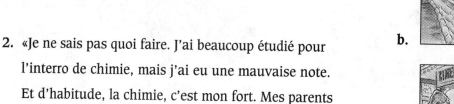

devrais   conseilles   peux   il y a   leur   lui   problème

faire   minute   avis   parler   oublier

ADRIENNE Allô, Alain? Ici, Adrienne. Tu as une _____? Je peux te _____?

ALAIN Bien sûr. Qu'est-ce qu'_____?

ADRIENNE J'ai promis à Elodie d'aller à sa boum samedi soir, mais je ne peux pas y aller.

ALAIN Pourquoi?

ADRIENNE J'ai eu une mauvaise note à mon interro de maths. Mes parents sont fâchés et je suis sûre qu'ils ne vont pas me laisser sortir ce week-end. A ton _____, qu'est-ce que je dois _____?

ALAIN Tu leur as déjà demandé si tu pouvais y aller?

ADRIENNE Euh... non. Pas encore.

ALAIN Tu _____ leur parler. Dis-_____ que tu as promis à Elodie d'aller à sa boum et promets de faire mieux à la prochaine interro.

ADRIENNE C'est une bonne idée, mais ma prochaine interro, c'est en anglais, et l'anglais, c'est pas mon fort.

ALAIN Qu'est-ce que je _____ faire pour t'aider?

ADRIENNE On peut étudier ensemble?

ALAIN Bien sûr!

ADRIENNE Merci, Alain. Tu es un ami super!

5 Qu'est-ce que je fais? Tes amis ont des problèmes. Choisis les conseils que tu leur donnerais.

_____ 1. Ça fait deux mois que j'habite à Tours. Mes amis me manquent beaucoup.

    a. Oublie-les!   b. Ecris-leur!   c. Excuse-toi!

_____ 2. Mon copain Justin est fâché parce que j'ai eu 94 à l'interro d'anglais alors que lui, il a eu 78 seulement. Ça fait deux semaines qu'il ne me parle plus.

    a. Dis-lui que tu es heureux!   b. Excuse-toi!   c. Oublie-le!

_____ 3. J'ai beaucoup étudié pour mon examen, mais j'ai eu un F. Je suis certain que mon prof a fait une erreur!

    a. Ne lui téléphone pas!   b. Parle-lui!   c. Invite-la au cinéma!

_____ 4. Je me sens tout raplapla et je ne dors pas bien.

    a. Ne te mets pas en condition!   b. Mange des gâteaux!   c. Fais de l'exercice!

_____ 5. Je devais aller au cinéma avec ma petite amie Nicole ce week-end, mais mes parents m'ont privé de sortie. Nicole va être fâchée.

    a. Explique-lui que tu es privé de sortie ce week-end!

    b. Ne lui dis pas que tu es privé de sortie ce week-end!

    c. Oublie-la!

6 Tu nous manques! Emilie, une étudiante d'échange aux Etats-Unis, est rentrée en France. Elle manque à ses camarades de classe. Ils lui ont écrit une lettre, mais ils n'étaient pas sûrs des pronoms. Aide-les à compléter la lettre.

le	la	les	l'	me	m'	te	t'	lui	nous	vous	leur

Salut, Emilie!

Alors, comment ça va depuis ton retour en France? Ici, tout va bien, mais tu _____ manques beaucoup. C'est pour _____ dire un grand bonjour que nous _____ écrivons. La semaine dernière, Mark a fait une boum chez lui. C'était super! John a une nouvelle copine. Personne ne _____ connaît parce qu' elle n'est pas dans notre école. Elle s'appelle Jane. Elle est super sympa. Tu ne devineras jamais ce qui s'est passé! David et Laura se sont disputés. Il _____ a téléphoné pour _____ inviter à la boum, mais elle n'a pas voulu _____ parler. A l'école, rien de neuf. On a eu beaucoup d'interros ces derniers temps. M. Johnson _____ a demandé de lire un livre en français et d'en faire un résumé. Moi, j'ai choisi «Le petit prince» parce que je _____ ai déjà lu et c'est assez facile. Justin a été collé parce qu'il n'avait pas ses devoirs de maths l'autre jour. Il a dit au prof qu'il _____ avait perdus, mais le prof n'a pas voulu _____ écouter. Pauvre Justin! Voilà les nouvelles. Et toi? Raconte-_____ ce que tu fais à Toulon. Ecris-_____ vite. On t'embrasse tous très fort. A bientôt, peut-être.

Sandra et tes copains de Booker T. Washington High

Allez, viens! Level 2, Chapter 10   Practice and Activity Book **111**

HRW material copyrighted under notice appearing earlier in this work.

7 Les mots emmêlés   Paul and Sylvie are telling their friends how they made up after their argument. Unscramble their statements. Then, for each statement, write **S** if Sylvie said it, **P** if Paul said it, or **?** if either of them could have said it.

_____ 1. l' / lui / ai / je / dit / je / aimais / que

_____

_____ 2. a / m' / pardon / demandé / elle

_____

_____ 3. cadeau / je / ai / lui / offert / un

_____

_____ 4. expliqué / qui / il / s'est / m' / ce / passé / a

_____

_____ 5. ce / j' / disait / elle / qu' / ai / écouté

_____

8 Tes amis et leurs problèmes   Tes amis te parlent toujours de leurs problèmes. Donne-leur des conseils.

1. «La semaine prochaine, je vais rendre visite à mon cousin qui habite Paris. Il m'a proposé d'aller voir des musées, mais je lui ai dit que ça ne m'intéressait pas du tout. Maintenant, il est plutôt fâché.»

_____

2. «Ma petite amie voulait casser, mais maintenant, elle veut me parler. Je ne sais pas quoi faire. Qu'est-ce que tu ferais, toi?»

_____

3. «J'ai fait tomber une assiette de spaghettis sur le nouveau pantalon de Pierre. Il est parti en colère. Je ne sais pas quoi faire.»

_____

4. «Ma copine m'a prêté sa radio et je l'ai cassée. A ton avis, qu'est-ce que je dois faire?»

_____

9 De bons conseils   You're filling in for Agnès, the editor of the advice column. Read the letter below and then write a response.

> *Chère Agnès,*
>
> *J'avais rendez-vous avec une de mes amies, mais j'ai complètement oublié. Ce n'est pas la première fois que j'oublie un rendez-vous et mon amie est plûtot énervée. Qu'est-ce que je peux faire?*

_____

_____

_____

_____

_____

DEUXIEME ETAPE

10 Tu as compris? Read Pierre's letter and Jérémie's response. Then, answer the questions that follow in English.

Jérémie,
Je t'écris pour te demander si tu crois que tu pourrais m'aider à étudier les maths pour l'interro de la semaine prochaine. Tu sais, je n'y comprends vraiment rien et je crois que si tu ne m'aides pas, je vais avoir une très mauvaise note. Tu es sûrement très occupé, mais si tu m'aides, je te promets, je ferai quelque chose pour toi en échange. Je sais que tu as envie d'aller à la boum de Sophie samedi et que tu ne peux pas parce que tu dois garder ton petit frère. Si tu m'aides, je garderai ton frère pour toi; comme ça, tu pourras aller t'amuser à la boum. Alors, qu'est-ce que tu en penses? Si tu es d'accord, tu peux peut-être venir chez moi demain soir après l'école. Réponds-moi vite.

Pierre

Pierre,
C'est d'accord pour les maths. J'ai demandé à mes parents s'ils étaient d'accord pour que tu gardes Florent à ma place et ils ont dit que c'était OK. Mais je ne peux pas venir chez toi demain parce que je dois aider mon père à tondre le gazon. Si tu veux, on peut se retrouver au café vendredi à midi. Téléphone-moi pour me dire si ça te va.

Jérémie

1. What favor does Pierre ask Jérémie?

   _____

2. Where and when does he want to meet?

   _____

3. What does he promise to do in return? What will this favor allow Jérémie to do?

   _____

4. How does Jérémie respond to Pierre's request and offer?

   _____

5. When and where does Jérémie suggest that they meet?

   _____

11 Au secours! Réponds aux demandes de tes amis.

Avec plaisir. **Bien sûr.** **Pas du tout.** **Pas de problème.** Désolé(e).

J'ai quelque chose à faire. Je n'ai pas le temps. Je suis très occupé(e).

C'est impossible. Bien sûr que non. ???

1. «Tu pourrais me prêter ton livre d'histoire? J'ai perdu celui de Marc et je ne peux pas faire mes devoirs.»

_____

2. «J'ai un problème. Je peux te parler?»

_____

3. «Tu pourrais travailler à ma place vendredi soir? J'ai rendez-vous avec Dominique.»

_____

4. «Tu pourrais passer à la librairie cet aprèm? Il me faut un stylo pour l'interro de demain.»

_____

12 Préparatifs pour la fête Tu organises une fête. Demande à tes amis et à ta famille de t'aider à faire les préparatifs.

1. _____
2. _____
3. _____
4. _____
5. _____

13 L'invitation à la boum Imagine que tu organises une boum. Crée une invitation avec la date, l'heure, l'endroit et l'occasion.

Date : _____
Heure : _____
Endroit : _____
_____
Occasion : _____
R.S.V.P. : _____

14 Tu peux m'aider?   Read this note from your friend Nicole. Then, write your response.

Tu peux m'aider? J'ai trop de choses à faire ce soir. Je dois faire les préparatifs pour la boum et étudier pour l'interro de maths. En plus, j'ai un devoir d'anglais et un devoir de science à faire. Tu pourrais envoyer les invitations et faire les courses pour moi?

_____

_____

_____

_____

15 C'est fait!   Ta mère te demande de faire beaucoup de choses avant ta boum, mais tes amis et toi, vous les avez déjà faites. Complète les phrases suivantes avec la forme correcte du participe passé.

1. Ranger le salon? Je l'ai déjà _____ .

2. Passer l'aspirateur? Marc l'a déjà _____ .

3. Faire la vaisselle? Je l'ai déjà _____ .

4. Faire les courses? Je les ai déjà _____ .

5. Préparer les amuse-gueule? Kim les a déjà _____ .

6. Envoyer les invitations? Je les ai déjà _____ .

16 A l'université   Quand tu arrives à l'université, ton/ta camarade de chambre te demande ce que tu as fait de tes affaires. Dis-lui si tu les as laissées chez toi, jetées *(threw them away)*, ou amenées *(brought them)*.

Exemple : Mon album? <u>Je l'ai amené.</u>

1. Ma chaîne stéréo? _____ .

2. Mon album de photos? _____ .

3. Mes cahiers? _____ .

4. Mon diplôme? _____ .

5. Mon carnet d'adresses? _____ .

6. Mon dernier bulletin trimestriel? _____ .

7. Mon nounours? _____ .

8. Les photos de mes copains? _____ .

◼ TROISIÈME ÉTAPE

17 L'excuse de Raphaël   Complète cette conversation en employant les mots proposés ci-dessous.

mal   fais   m'en veux   excuse   aurais   grave   rien   faute

RAPHAEL   Marie, _____-moi d'être allé au match de foot sans toi.

MARIE   T'en _____ pas. Tu sais, je n'aime pas le foot et je n'avais pas du tout envie d'y aller.

RAPHAEL   Oui, je sais, mais j'_____ dû t'inviter quand même. C'était pas très gentil.

MARIE   Ça ne fait _____. De toute façon, j'avais déjà rendez-vous avec Fanny pour aller au cinéma ce jour-là.

RAPHAEL   Bon, alors, tu ne _____ pas, tu es sûre?

MARIE   Non, je t'assure que c'est pas _____.

18 Excuse-toi!   Which expressions given below would you use to apologize? Which would you use to accept an apology?

Ça ne fait rien.   C'est de ma faute.   Tu ne m'en veux pas?   Désolé(e).

C'est pas grave.   T'en fais pas.

Excuse-moi.   Je ne t'en veux pas.   J'aurais dû m'excuser.

To apologize:	To accept an apology:

19 Tu aurais dû... Tell these people what they should or should not have done to avoid these circumstances.

| pardonner | téléphoner | aller à la boum | manger toute la boîte de chocolats |
| arriver à l'école en retard | s'excuser | étudier | manger quelque chose |

1. J'ai eu une mauvaise note à l'interro de chimie.

   _____ .

2. J'ai grossi.

   _____ .

3. J'ai été collé(e).

   _____ .

4. Je n'ai pas pris mon petit déjeuner.

   _____ .

5. Je suis arrivée en retard à la boum et maintenant, mon amie est fâchée contre moi.

   _____ .

20 Je m'excuse. Tu as perdu la veste que ton ami(e) t'avait prêtée samedi dernier.

a. Ecris-lui un mot pour t'excuser et pour offrir une solution au problème.

_____

_____

_____

_____

_____

b. Imagine la réponse de ton ami(e).

_____

_____

_____

_____

_____

_____

21 Tu aurais dû... Fais des reproches à ces gens. Dis-leur ce qu'ils auraient dû faire. Utilise les pronoms compléments d'objet direct ou indirect : **le, la, l', les, lui,** ou **leur.**

1. Je n'ai pas invité Paul et Sylvie à ma fête.

   _____.

2. Je n'ai pas téléphoné à mes parents.

   _____.

3. Je n'ai pas attendu Francine.

   _____.

4. Je n'ai pas parlé à M. Lambert.

   _____.

5. J'avais envie d'acheter ce vélo.

   _____.

6. Je n'ai pas fait la vaisselle ce matin.

   _____.

7. Je n'ai pas pris mon petit déjeuner.

   _____.

22 L'enfant terrible You're living with a French family. Julien, the little boy who lives next door, tells you his problems. Tell him what he could, should, or shouldn't have done.

1. JULIEN Je jouais au foot dans le salon et j'ai cassé un vase.

   TOI _____.

2. JULIEN Hier, au dîner, je n'ai pas eu de dessert parce que je n'ai pas voulu manger mes carottes...

   TOI _____.

3. JULIEN J'ai brossé le chien avec ma brosse à dents. Mes parents ont commencé à crier...

   TOI _____.

4. JULIEN Je n'ai pas fait mes devoirs et la maîtresse m'a collé.

   TOI _____.

5. JULIEN Je me suis couché à minuit et je me sens tout raplapla.

   TOI _____.

■ LISONS!

23 Lisons! Read the letter Caroline wrote to Agnès and Agnès' reply. Then, answer the questions that follow.

> *Chère Agnès,*
> *Je m'appelle Caroline et j'ai seize ans. Ça fait trois mois que je sors avec un garçon qui s'appelle Eric. Je suis très amoureuse de lui et je crois que lui aussi, il est amoureux de moi. Quand nous sommes ensemble tous les deux, tout se passe très bien. Il est très gentil et très tendre. Mais, dès que je lui propose de sortir avec une bande de copains, il refuse. Il a toujours un prétexte pour s'en aller. Je ne comprends pas pourquoi il fait ça et je suis triste parce qu'il ne m'accompagne jamais aux boums ou au cinéma. Que faire?*

> *Caroline,*
> *Si ton copain ne veut jamais faire de sorties en groupe avec toi et tes amis, c'est soit parce qu'il est timide soit parce qu'il n'aime pas tes amis. Si j'étais toi, j'essaierais d'en parler avec lui. S'il n'aime pas tes amis, tu ne peux pas faire grand-chose. Il faudra que tu acceptes son point de vue et que tu continues à sortir avec tes amis sans lui. Si c'est parce qu'il est timide, tu devrais essayer de le présenter à quelques amis seulement au départ. Peut-être que vous pourriez faire une sortie à quatre, avec un autre couple? Plus tard, quand il sera à l'aise avec tes amis, je suis sûre qu'il t'accompagnera partout.*

a. Find these French words and phrases in the letters above. Can you figure out what they mean from their context?

_____ 1. tous les deux
_____ 2. dès que
_____ 3. un prétexte
_____ 4. soit... soit...
_____ 5. au départ

a. *at the beginning*
b. *either . . . or . . .*
c. *as soon as*
d. *to return home*
e. *together; just the two of us*
f. *an excuse*

b. What is Caroline's problem?

_____

_____

c. According to Agnès, what are two reasons why Eric might not want to go out with Caroline and her friends?

_____

_____

d. What do you think of Agnès' advice? Why? What do you think Caroline should do?

_____

_____

_____

■ PANORAMA CULTUREL

24 En Provence   Match these terms related to Provence with their English definitions.

_____ 1. la ratatouille

_____ 2. la montagne Sainte-Victoire

_____ 3. le parc des Thermes

_____ 4. la tapenade

_____ 5. la pissaladière

_____ 6. l'aïoli

a. scenic meeting place in Aix-en-Provence

b. a type of pizza made with onions, anchovies, and olives

c. a two-hour walk through Aix that highlights places that were important to Cézanne

d. a sauce made from egg yolk, olive oil, and garlic

e. a paste of olives, garlic, and anchovies

f. mountain pictured in many of Cézanne's paintings

g. a casserole with eggplant, tomatoes, zucchini, green peppers, and onions

25 Bon voyage!   A friend of yours is going to spend the summer in Provence. He or she wants to know all about the foods he or she should try, what there is to see, and so on. Write your friend a note in English.

_____

_____

_____

_____

_____

_____

_____

_____

_____

_____

_____

_____

_____

_____

_____

_____

_____

Chacun ses goûts

■ MISE EN TRAIN

1 Bientôt la Fête de la musique

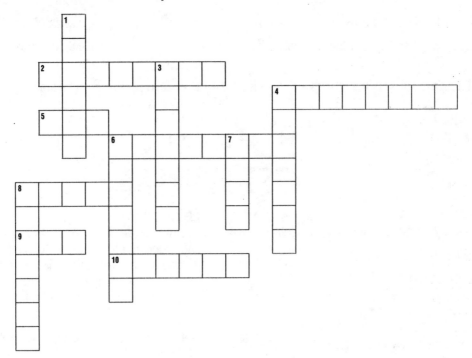

VERTICALEMENT

1. Pascale pense que l'Affaire Louis Trio est _____ comme groupe.

3. C'est _____ la Fête de la musique à Aix.

4. Les jeunes regardent dans *Aix en* _____ pour savoir quels groupes passent cette semaine.

6. Cédric a des _____ à faire, mais à part ça, il est libre.

7. Pascale a envie d'aller voir un groupe de _____ .

8. Pascale pense qu'Odile est _____ .

HORIZONTALEMENT

2. Pascale veut aller faire la fête. Elle dit «On pourrait faire quelque chose _____ .»

4. On fait la fête sur le Cours _____ .

5. Pascale dit «Il y aura des _____ de groupes musicaux» pour dire qu'il en aura beaucoup.

6. Il y a beaucoup de _____ à la Fête de la musique.

8. Odile peut aller à la fête. Elle n'a rien de _____ .

9. Odile n'a pas envie de faire la fête sur le Cours Mirabeau. Elle pense que c'est _____ .

10. Cédric _____ qu'il y a encore des places pour le concert de l'Affaire Louis Trio.

■ PREMIÈRE ÉTAPE

2 Les deux font la paire Choisis le groupe, le chanteur/la chanteuse ou la chanson qui correspond à chaque description.

_____ 1. C'est une chanteuse américaine.

_____ 2. C'est une chanson française.

_____ 3. C'est un chanteur canadien.

_____ 4. C'est un groupe antillais.

_____ 5. C'est un musicien américain.

_____ 6. C'est un groupe irlandais.

a. Kenny G

b. Zouk Machine

c. U2

d. Whitney Houston

e. *La Marseillaise*

f. Roch Voisine

3 Post-Express Lis les lettres suivantes et réponds aux questions en anglais.

POST EXPRESS

Tu cherches des amis, des disques, des posters? Cette rubrique est pour toi!

Recherche tout sur...

LE COUNTRY.

J'aimerais correspondre avec des jeunes francophones de 14 à 17 ans. J'aime le country et je recherche des posters et des photos de musiciens et de chanteurs, surtout de Garth Brooks. J'aime aussi le blues et le pop. Martine RICHARD, 50 rue Principale, 62370 SAINT-FOLQUIN.

LE ROCK.

Je suis fan de Roch Voisine et de Céline Dion. Loisirs : le rock, danser, faire du ski et tous sports nautiques. Je voudrais correspondre avec des jeunes demeurant en Belgique, en Angleterre et en France. Réponse assurée!

Annick LACROIX, 51 rue de la Colline, St-Robert, QC

1. What kind of music does Martine like?

_____

2. What kind of music does Annick prefer?

_____

3. Which girl mentions interests other than music?

_____

4. Which girl is from Canada?

_____

5. Which girl guarantees a response?

_____

4 Méli-mélo!

a. Mets les mots dans le bon ordre pour former des phrases correctes.

1. connais / tu / MC Solaar

_____

2. Vanessa Paradis / connais / tu

_____

3. ne / pas / connais / je / non // est / qui / c'

_____

4. chanteuse / oui / une / française / c'est

_____

5. sénégalais / est / rap / chanteur / de / un / c'

_____

b. Maintenant, mets les phrases dans le bon ordre pour en faire une conversation.

_____

_____

_____

_____

_____

5 Connaissances musicales   Complète les phrases avec les formes correctes du verbe connaître.

1. — Tu _____ Jacques Higelin? C'est un chanteur français.

   — Non. Je ne _____ pas.

2. — Vous _____ Kassav'?
   — Oui. C'est un groupe antillais, non?

3. Il _____ Youssou N'Dour? C'est un chanteur africain.

4. Elles _____ Gilles Vigneault? C'est un chanteur canadien.

5. Nous _____ Jeanne Mas. C'est une chanteuse française.

6 Tu connais?   Complète cette lettre avec c'est, il est ou elle est.

Ce que j'aime faire quand je n'ai pas école, c'est écouter de la musique, surtout du pop
et du rock. J'adore Jean-Jacques Goldman. Tu connais? _____ un chanteur
français. _____ très beau. J'aime aussi Céline Dion. _____ canadienne
et _____ très connue en France. Le week-end, j'aime beaucoup aller au cinéma.
Je vais souvent voir des films américains. Mon acteur préféré, c'est Tom Cruise.
_____ super, tu ne trouves pas? Tu as vu son dernier film? _____
une histoire passionnante. Je te le recommande.

7 Les stars Donne le nom d'un groupe, d'un(e) chanteur/chanteuse ou d'un(e) musicien/musicienne pour chaque type de musique. Dis aussi si tu les aimes ou pas.

1. le jazz : _____

_____

2. le rock : _____

_____

3. le country/folk : _____

_____

4. le pop : _____

_____

8 Chacun ses goûts Tell about your own musical tastes, using the expressions in the box below.

Ce que j'aime bien, c'est...   Ce qui ne me plaît pas, c'est...

Ce que je n'aime pas, c'est...   Ce qui me plaît, c'est...

Ce que je préfère, c'est...

_____

_____

_____

_____

_____

_____

9 A la Fête de la musique You're a journalist covering the local music festival. Read the notes that you took during your interview with Francis Cabrel. Then, write a short article about him for the newspaper.

Nom : CABREL	Prénom : Francis
Né le : 23 novembre 1953	
Nationalité : français	
Yeux : bleus	Cheveux : châtain
Loisirs : le football, le tennis, la pêche, les voyages	
Musiciens préférés : les Rita Mitsouko, Gérard Manset, les Beatles, Eric Clapton	
Instruments : le piano, la guitare	

_____

_____

_____

_____

_____

_____

_____

CHAPITRE 11 Première étape

■ DEUXIEME ETAPE

10 On va au cinéma? Marc and Eva are looking at the movie schedule below to decide what to see. Read their conversation and compare it with the schedule. Then, choose the correct completion for each of the statements that follow.

MARC Alors, qu'est-ce qu'on va voir comme film ce soir? Tu as une idée?

EVA Euh... je ne sais pas. Qu'est-ce qu'on joue en ce moment?

MARC Je crois que *L'enfant lion* passe au Gaumont Alésia. Ça te dit?

EVA Ça passe à quelle heure?

MARC A dix heures et demie.

EVA Bof, c'est tard, non? Il y a quoi d'autre?

MARC Sinon, il y a *Aladdin*®.

EVA Ça parle de quoi?

MARC Je crois que c'est l'histoire d'un jeune avocat qui travaille pour l'armée. C'est avec Tom Cruise. Il paraît que c'est très bien.

EVA Oh, je ne sais pas... Pourquoi on va pas voir *Les Aristochats*®? Ça a l'air vachement drôle.

MARC Oh non! Tu sais bien que j'ai horreur des films de science-fiction.

EVA Bon, alors on va voir *L'incroyable voyage*. Ça passe à huit heures cinq et c'est en version française.

MARC D'accord, ça marche.

> **84 GAUMONT ALESIA.** 73, avenue du Général Leclerc. 43.27.84.50 36.65.75.14 M° Alésia. Perm de 14h à 24h. Pl : 43 et 42 F. Mer, tarif unique : 36 et 35 F ; Etud, CV : 36 et 35 F (Du Lun au Ven 18h) ; -12 ans : 30 F. Carte Gaumont : 5 places : 160 F (valables 2 mois, tlj à toutes les séances). Carte bleue acceptée. Rens : 3615 Gaumont. 1 salle équipée pour les malentendants.
>
> ***L'incroyable voyage*** v.f. Dolby stéréo. Séances : 13h35, 15h45, 17h55, 20h05, 22h15. Film 10 mn après.
>
> ***J'ai pas sommeil*** Dolby stéréo Séances : 13h35, 15h45, 17h55, 20h05, 22h15. Film 10 mn après.
>
> ***L'enfant lion*** Dolby stéréo. (Pl : 48 et 37 F). Séances : 14h, 17h20, 21h. Film 25 mn après.
>
> ***Aladdin*** v.f. Séances : Mer, Sam, Dim 13h25, 15h35. Film 15 mn après.
>
> ***Une pure formalité*** Séances : Mer, Sam, Dim 17h50, 20h, 22h10 ; Jeu, Ven, Lun, Mar 13h30, 15h40, 17h50, 20h, 22h10. Film 15 mn après.
>
> ***Le jardin secret*** v.f. Séances : 14 h, 16h40, 19h20, 21h55. Film 20 mn après.
>
> ***Madame Doubtfire*** v.f. Dolby stéréo Séances : Mer, Sam, Dim 13h40, 15h30, 17h20. Film 20 mn après.
>
> ***Les Aristochats*** v.f. Dolby stéréo Séances : Mer, Sam, Dim 19h15, 21h50. Jeu, Ven, Lun, Mar 13h55, 16h30, 19h15, 21h50. Film 15 mn après. Salle Gaumontrama (Pl : 45 et 37 F):
>
> ***Grosse fatigue*** Dolby stéréo. Séances : 14h, 16h, 18h, 20h, 22h. Film 20 mn après.

_____ 1. Marc tells Eva the wrong time for the showing of _____ .
   a. *L'enfant lion*   **c.** *Les Aristochats*
   b. *Aladdin*   **d.** *L'incroyable voyage*

_____ 2. Marc incorrectly summarizes the plot of _____ for Eva.
   a. *L'enfant lion*   **c.** *Les Aristochats*
   b. *Aladdin*   **d.** *L'incroyable voyage*

_____ 3. Eva thinks _____ looks amusing.
   a. *L'enfant lion*   **c.** *Les Aristochats*
   b. *Aladdin*   **d.** *L'incroyable voyage*

_____ 4. Marc mistakenly thinks _____ is a science-fiction movie.
   a. *L'enfant lion*   **c.** *Les Aristochats*
   b. *Aladdin*   **d.** *L'incroyable voyage*

_____ 5. _____ is showing in its original language.
   a. *L'enfant lion*   **c.** *Les Aristochats*
   b. *Aladdin*   **d.** *L'incroyable voyage*

_____ 6. Marc and Eva agree to see _____ .
   a. *L'enfant lion*   **c.** *Les Aristochats*
   b. *Aladdin*   **d.** *L'incroyable voyage*

11 Dis-moi Choisis la meilleure réponse à chacune des questions suivantes.

_____ 1. Qu'est-ce qu'on joue comme film?

_____ 2. *Madame Doubtfire*, c'est avec qui?

_____ 3. Ça passe où?

_____ 4. Ça commence à quelle heure?

a. Robin Williams et Pierce Brosnan.

b. A 17h45.

c. *Star Trek® Generations*, *Last Action Hero* et *Madame Doubtfire*.

d. Au Gaumont Royal.

12 Cherche l'intrus Cross out the film in each group that belongs to a different genre than the others. Then, tell the genre of the film you crossed out and the genre of the others in French.

1. *Star Trek® Generations*
   Madame Doubtfire
   E.T. l'extra-terrestre®
   2001, l'odyssée de l'espace

   _____

   _____

2. *Police Academy*
   Geronimo
   Trois hommes et un couffin
   La famille Pierrafeu (The Flintstones)®

   _____

   _____

3. *Autant en emporte le vent (Gone with the Wind)*
   Hamlet
   Casablanca
   Une brève histoire du temps

   _____

   _____

4. *Geronimo*
   Les cow-boys
   Dracula
   Silverado

   _____

   _____

5. *Police Academy : Mission à Moscou*
   Les aventures d'Huckleberry Finn
   Indiana Jones et la dernière croisade®
   Sauvez Willy

   _____

   _____

13 Va voir... D'après ce que tes amis te disent, dis-leur quel genre de film ils devraient voir. Puis, recommande-leur un film et dis où et à quelle heure il passe.

Exemple : «Je m'intéresse aux cow-boys.»
Va voir un western. *Silverado* passe à l'UGC Opéra à 18h30.

LE PLUMEREAU 10, Place Plumereau. PI : 38 F Mer et Lun : 28 F; -26ans, 26 F. Séances su réserv. Salle accessible aux handicapés.
Carte verte v.f. 19h15, 21h30
Police Academy : Mission à Moscou v.f. 17h00, 19h00
Star Trek® Generations v.f. 17h40, 20h00

UGC OPERA 59, bd des Italiens. PI : 42 F. Lun, tarif unique : 35 F Carte UGC privilège 1 : 130 F (4 entrées) : Carte UGC privilège 2 : 195 F (6 entrées).
Sauvez Willy v.f. 17h10, 19h20
Casablanca v.o. 21h15
Dracula v.f. 20h00, 22h15
Silverado v.o. 18h30, 21h45

1. «Je me sens déprimée. J'ai envie de voir quelque chose de drôle.»

_____
_____

2. «J'adore les films qui font peur.»

_____
_____

3. «Je crois que je suis tombé amoureux! Je voudrais voir quelque chose de romantique.»

_____
_____

4. «Je m'intéresse aux ovnis (objets volants non identifiés).»

_____
_____

14 Ton film favori Quand tu étais petit(e), quel genre de film est-ce que tu aimais? Quel était ton film favori? Pourquoi? C'était avec qui?

_____
_____
_____
_____
_____

◼ TROISIEME ETAPE

15 **Critique de livres** Read what your classmates had to say when you asked them about the books they read for French class. According to their remarks, decide whether they liked the books or not.

LIKED	DISLIKED	
_____	_____	1. C'est pas mon truc!
_____	_____	2. C'est plein de rebondissements.
_____	_____	3. C'est trop violent.
_____	_____	4. C'est amusant.
_____	_____	5. Ça casse pas des briques.
_____	_____	6. Il n'y a pas d'histoire.

16 **Quel genre?** Choisis à quel genre appartient chacun des livres suivants.

_____ 1. *Tintin en Amérique*
_____ 2. *Le mystère de la chambre jaune*
_____ 3. *De la terre à la lune*
_____ 4. *Poèmes français du XXe siècle*
_____ 5. *Le comte de Monte-Cristo*
_____ 6. *Jules César*
_____ 7. *Félix Houphouët-Boigny et la Côte d'Ivoire*
_____ 8. *Mort sur le Nil*

a. un livre de poésie
b. une biographie
c. un roman de science-fiction
d. une bande dessinée
e. un roman classique
f. un roman d'amour
g. un roman policier
h. une pièce de théâtre

17 **Opinions et genres** En général, qu'est-ce qu'on dit des genres de livre ci-dessous?

> Il y a du suspense.   C'est drôle.   C'est une belle histoire.   On ne s'ennuie pas.
> C'est plein de rebondissements.

1. une bande dessinée : _____

2. un roman d'amour : _____

3. un roman policier : _____

4. un roman de science-fiction : _____

CHAPITRE 11 Troisième étape

18 Résumé Pense à un livre que tu as lu récemment et remplis le formulaire ci-dessous.

Titre : _____

Auteur : _____

Genre : _____

Tu le recommandes? : _____

Pourquoi? : _____

_____

_____

_____

_____

19 Mes opinions Fais une liste de trois livres que tu as lus récemment et dis ce que tu en as pensé.

LIVRE : _____

OPINION : _____

_____

LIVRE : _____

OPINION : _____

_____

LIVRE : _____

OPINION : _____

_____

20 Méli-mélo! Remets la conversation ci-dessous dans le bon ordre.

_____ — C'est l'histoire d'un homme qui part chercher de l'or dans l'ouest des Etats-Unis.

_____ — Oui, c'est une histoire passionnante.

_____ — *L'or* de Blaise Cendrars.

_____ — Quel livre as-tu lu au cours de français?

_____ — Qu'est-ce que ça raconte?

_____ — Ça a l'air très intéressant.

_____ — Ça t'a plu?

21 Les polars Robert et Osman parlent des films qu'ils ont vus. Complète leur conversation à l'aide de **qui** ou **que (qu')**.

ROBERT   Tu as aimé le film _____ on a vu en classe aujourd'hui?

OSMAN   Oui, mais j'ai préféré le film policier _____ j'ai vu au cinéma la semaine dernière.

ROBERT   Ah oui? Pourquoi?

OSMAN   Je préfère les histoires _____ sont pleines de rebondissements.

ROBERT   Au fait, je t'ai pas dit. Moi aussi, j'ai vu un film policier _____ était super.

OSMAN   Ah oui? Qu'est-ce que ça raconte?

ROBERT   C'est l'histoire d'un homme _____ perd la mémoire. Il y a un crime et il est le seul

_____ a vu ce qui s'est passé. Mais l'inspecteur croit _____ c'est lui, le coupable.

22 Ce week-end You can't hear your friends tell what they did over the weekend because the cafeteria is so noisy. Imagine what they did and finish their sentences, beginning with **qui** or **que.**

1. Ce week-end, j'ai lu un roman policier _____

_____

2. Samedi soir, j'ai vu un film de science-fiction _____

_____

3. J'ai acheté un nouveau CD _____

_____

4. Je suis allé(e) au concert _____

_____

23 Et toi? Quel genre d'histoire est-ce que tu préfères? Pourquoi? Utilise **qui** et **que** autant que possible.

_____

_____

_____

_____

_____

_____

_____

_____

_____

■ LISONS!

24 Lisons!

Le chien jaune de Georges Simenon : Un jeune commissaire est chargé de faire une enquête sur une série de crimes commis dans des circonstances très mystérieuses.

Paroles de Jacques Prévert : Un recueil de poésies qui inclut entre autres : *Déjeuner du matin, Je suis comme je suis, Quartier libre* et *Page d'écriture*.

Notre-Dame de Paris de Victor Hugo : une évocation prestigieuse de la vie parisienne par un des grands écrivains français.

Tintin en Amérique de Hergé : un des premiers albums de Tintin. Le jeune reporter part découvrir l'Amérique où il vit des aventures passionnantes.

Grenadou, paysan français d'Ephraïm Grenadou et Alain Prévost : la vie d'un paysan vue et racontée par un écrivain.

a. A quel genre est-ce que chaque livre appartient?

_____ **1.** *Le chien jaune*

_____ **2.** *Paroles*

_____ **3.** *Notre-Dame de Paris*

_____ **4.** *Tintin en Amérique*

_____ **5.** *Grenadou, paysan français*

a. un livre de poésie
b. une biographie
c. un roman de science-fiction
d. une bande dessinée
e. un roman classique
f. un roman d'amour
g. un roman policier

b. List the words that gave you clues about the genre of the following books.

1. *Le chien jaune :* _____

2. *Tintin en Amérique :* _____

3. *Grenadou, paysan français :* _____

■ PANORAMA CULTUREL

25 Au cinéma en France

a. Your friend is going to spend the summer in France. What are some differences he or she might notice at the movies? What are some similarities?

Differences: _____

_____

Similarities: _____

_____

b. What would you tell a French exchange student who wanted to see a French movie in your town?

_____

_____

_____

c. Are these statements true or false, according to the French movie schedule below?

_____ 1. *L'incroyable voyage* is showing with French subtitles.

_____ 2. *Madame Doubtfire* has been dubbed in French.

_____ 3. There will be 15 minutes of commercials before the start of *J'ai pas sommeil.*

_____ 4. There will be more commercials before *L'enfant lion* than before any of the other movies at this theater.

_____ 5. *Grosse fatigue* is a French movie.

_____ 6. *Une pure formalité* is an American movie that has been dubbed in French.

---

84 GAUMONT ALESIA. 73, avenue du Général Leclerc. 43.27.84.50 36.65.75.14 M° Alésia. Perm de 14h à 24h. Pl : 43 et 42 F. Mer, tarif unique : 36 et 35 F ; Etud, CV : 36 et 35 F (Du Lun au Ven 18h) ; -12 ans : 30 F. Carte Gaumont : 5 places : 160 F (valables 2 mois, tlj à toutes les séances). Carte bleue acceptée. Rens : 3615 Gaumont. 1 salle équipée pour les malentendants.

L'incroyable voyage v.f. Dolby stéréo. Séances : 13h35, 15h45, 17h55, 20h05, 22h15. Film 10 mn après.

J'ai pas sommeil Dolby stéréo Séances : 13h35, 15h45, 17h55, 20h05, 22h15. Film 10 mn après.

L'enfant lion Dolby stéréo. (Pl : 48 et 37 F). Séances : 14h, 17h20, 21h. Film 25 mn après.

Aladdin v.f. Séances : Mer, Sam, Dim 13h25, 15h35. Film 15 mn après.

Une pure formalité Séances : Mer, Sam, Dim 17h50, 20h, 22h10 ; Jeu, Ven, Lun, Mar 13h30, 15h40, 17h50, 20h, 22h10. Film 15 mn après.

Le jardin secret v.f. Séances : 14 h, 16h40, 19h20, 21h55. Film 20 mn après.

Madame Doubtfire v.f. Dolby stéréo Séances : Mer, Sam, Dim 13h40, 15h30, 17h20. Film 20 mn après.

Les Aristochats v.f. Dolby stéréo Séances : Mer, Sam, Dim 19h15, 21h50. Jeu, Ven, Lun, Mar 13h55, 16h30, 19h15, 21h50. Film 15 mn après. Salle Gaumontrama (Pl : 45 et 37 F):

Grosse fatigue Dolby stéréo. Séances : 14h, 16h, 18h, 20h, 22h. Film 20 mn après.

CHAPITRE 11 Panorama culturel

Nom _____ Classe _____ Date _____

A la belle étoile

■ MISE EN TRAIN

1 De qui s'agit-il? Dis de quel personnage de **Promenons-nous dans les bois** on parle dans chaque cas. Ecris la lettre qui correspond au personnage en question devant chacune des phrases suivantes.

a. Michèle

_____ propose de prendre un raccourci.

_____ écrit dans son journal.

b. Denis

c. René

_____ a mal aux pieds.

_____ pense qu'il faut préserver les animaux.

_____ décide de prendre une lampe de poche.

_____ veut aller vers le sud.

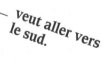

_____ voudrait chasser les orignaux.

d. Francine

e. Paul

_____ adore l'aventure.

CHAPITRE 12 Mise en train

■ PREMIERE ETAPE

2 Une leçon de géo   Trouve la réponse à chaque question.

_____ 1. Où se trouve la Suisse?

_____ 2. Où est la Côte d'Ivoire?

_____ 3. Où se trouve Strasbourg?

_____ 4. Où se trouve Yamoussoukro?

_____ 5. Où est le Canada?

_____ 6. Où se trouve la Martinique?

a. Au sud de la Floride.

b. Dans l'ouest de l'Afrique.

c. Au nord des Etats-Unis.

d. Dans l'est de la France.

e. Dans le nord de la Côte d'Ivoire.

f. A l'est de la France.

3 Mots croisés   Les animaux de ces mots croisés vivent tous au Canada. D'abord, complète les phrases ci-dessous à l'aide des animaux appropriés. Ensuite, écris leurs noms dans la grille.

1. Quelquefois, dans la forêt, on peut entendre les _____ hurler. Ça fait un peu peur.

2. J'adore les _____. Ils sont tellement mignons. Ils sont aussi très agiles quand ils montent aux arbres.

3. Il y a beaucoup de _____ qui nagent dans les lacs canadiens.

4. Le _____ a l'air de porter un masque et il lave sa nourriture.

5. Les _____ sont des animaux typiquement canadiens. Ils ont une tête très longue.

6. Il faut faire très attention aux _____. Ils peuvent attaquer les gens qui ont de la nourriture.

7. C'est le _____ qui a la plus belle queue. Il ressemble à un chien.

8. Les _____ ont une odeur bizarre et une grande queue.

4 Le parc Sainte-Lucie

Voici la carte d'un parc naturel où tu es guide pour l'été. Réponds aux questions des touristes en t'aidant de cette carte.

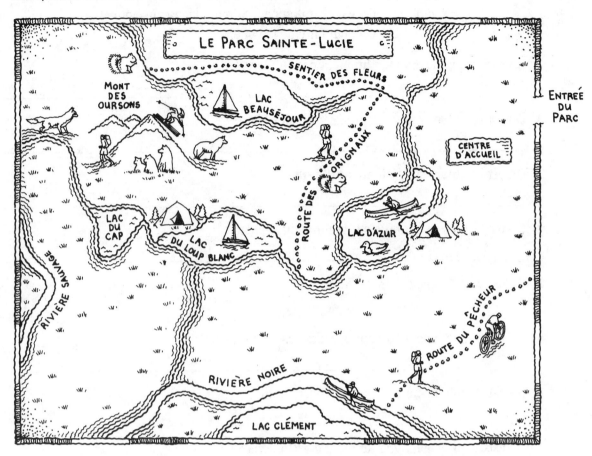

a. Ton groupe de touristes et toi, vous êtes au lac du Loup blanc qui est situé au centre du parc. Dis-leur où se trouvent les endroits suivants <u>par rapport au lac du Loup blanc.</u>

1. Le lac Beauséjour se trouve _____ d'ici.

2. Le lac du Cap se trouve _____ d'ici.

3. La Rivière noire se trouve _____ d'ici.

4. Le lac d'Azur se trouve _____ d'ici.

b. Maintenant, dis aux touristes où les endroits suivants se trouvent <u>dans le parc.</u>

1. L'entrée du parc et le centre d'accueil se trouvent _____ du parc.

2. Le lac Clément se trouve _____ du parc.

3. Le sentier des Fleurs se trouve _____ du parc.

4. La Rivière sauvage se trouve _____ du parc.

CHAPITRE 12 Première étape

c. Les visiteurs veulent maintenant savoir ce qu'on peut faire et voir dans le parc. Réponds à leurs questions en t'aidant toujours de la carte à la page 135.

Exemple : — Qu'est-ce qu'on peut faire au lac Beauséjour?
— On peut faire de la voile.

1. Qu'est-ce qu'on peut faire au mont des Oursons?

_____

2. Qu'est-ce qu'on peut voir sur le sentier des Fleurs?

_____

3. Qu'est-ce qu'on peut voir au lac d'Azur?

_____

4. Qu'est-ce qu'on peut faire sur la route du Pêcheur?

_____

5. Qu'est-ce qu'on peut faire au lac d'Azur?

_____

6. Qu'est-ce qu'on peut voir sur la route des Orignaux?

_____

7. Qu'est-ce qu'on peut faire sur la Rivière noire?

_____

8. Qu'est-ce qu'on peut voir au mont des Oursons?

_____

5 Notre beau parc   A French tourist wrote you a letter to ask for information about the park **Sainte-Lucie**. Write a detailed description of it, including the location of its various sites. Tell her what activities are possible at these various sites, based on the map on page 135.

_____
_____
_____
_____
_____
_____
_____
_____

■ DEUXIEME ETAPE

6 On pense à tout Marc et Anaïs se préparent à aller camper. Choisis la fin de chacune de leurs phrases.

_____ 1. Il nous faut des allumettes…

_____ 2. On a besoin de sacs de couchage…

_____ 3. Si on veut se promener le soir,…

_____ 4. Ah oui! Une trousse de premiers soins…

_____ 5. Pour ne pas se perdre en chemin,…

_____ 6. Moi, je ne dors pas à la belle étoile;…

a. pour dormir, bien sûr.

b. en cas d'accident.

c. on a besoin d'une boussole.

d. pour faire la cuisine.

e. je prends la tente!

f. il faut une lampe de poche.

7 De bons conseils Ton ami Adrien trouve toujours de bonnes excuses pour ne pas faire de camping. Toi, tu trouves des solutions pour le persuader.

une bouteille d'eau   de la lotion anti-moustiques   des sandwichs

ta tente   ton sac de couchage   ta canne à pêche   une lampe de poche

Exemple : — Je meurs toujours de soif quand je fais une randonnée.
— <u>Emporte une bouteille d'eau!</u>

1. — J'ai peur du noir.

_____

2. — Je déteste avoir froid quand je dors.

_____

3. Je vais sûrement crever de faim si on fait une randonnée.

_____

4. Où est-ce que je vais dormir, moi?

_____

5. Je n'aurai rien à faire. Je suis sûr que je vais m'ennuyer.

_____

6. Je déteste les insectes, surtout ceux qui me piquent!

_____

CHAPITRE 12 Deuxième étape

8 **Les préparatifs**   Tu vas faire du camping en montagne pendant trois jours. Tu sais qu'il va faire chaud pendant la journée et froid le soir, et qu'il y a beaucoup d'insectes là où tu vas. Tu veux pêcher des poissons et les manger. Fais une liste de tout ce que tu dois emporter.

A emporter:

9 Qui dit quoi?

a. Ecris le nom de la personne qui dit chaque phrase.

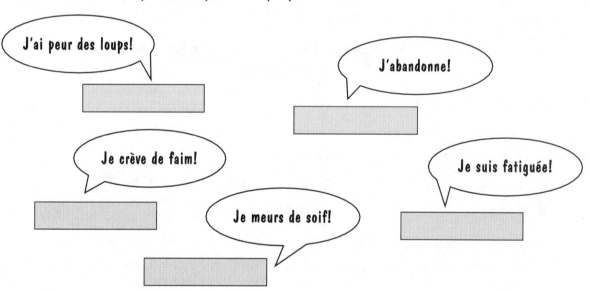

J'ai peur des loups!

J'abandonne!

Je crève de faim!

Je suis fatiguée!

Je meurs de soif!

Antoine est crevé; il ne peut pas finir sa randonnée en skis.
Jacqueline a fait une longue randonnée et elle n'avait rien à boire.
Pierre a oublié de manger avant de partir faire du canotage.
Chang a entendu dire qu'il y avait des animaux dangereux dans la forêt.
Marie n'a pas l'habitude de marcher et elle a fait 10 kilomètres à pied.

b. Que pourrais-tu dire à Antoine pour l'encourager?

_____   _____   _____

10 Respectons la nature! Donne des conseils à tes amis en complétant les phrases suivantes.

Tu ferais bien de	Tu devrais	Evite de	Tu ne devrais pas

1. _____ suivre les sentiers balisés quand tu fais une randonnée.

2. _____ nourrir les animaux. Ce que tu manges n'est pas toujours bon pour eux.

3. _____ emporter de l'eau quand tu pars en randonnée.

4. _____ mutiler les arbres. Ils sont plus fragiles que tu penses.

11 Vive l'écologie! Que dirais-tu à ces gens pour les encourager à protéger l'environnement? Aide-toi des mots proposés.

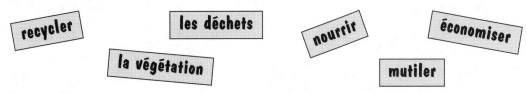

recycler   les déchets   nourrir   économiser   la végétation   mutiler

1. Lucille n'arrête pas de jeter des papiers par terre dans les jardins publics.

_____

2. Thomas adore les animaux. Il leur donne toujours les restes de son pique-nique.

_____

3. Hamid marche sur les fleurs et les plantes quand il fait des randonnées.

_____

4. Fabienne jette toujours ses sacs en plastique à la poubelle.

_____

5. Aïssata utilise toujours beaucoup d'eau dans la salle de bains.

12 On protège la nature Ecris un petit mot à ton amie Lucie qui va passer deux semaines dans un parc dans le Colorado. Donne-lui des conseils sur ce qu'elle devrait faire et ne pas faire dans la nature.

_____

_____

_____

_____

_____

■■ TROISIEME ETAPE

13 Méli-mélo!   Etienne est allé camper ce week-end. Dis dans quel ordre (de 1 à 5) il a fait les choses suivantes.

_____ Finalement, il s'est endormi. Il était dix heures et demie.

_____ Après ça, il a mangé son poisson.

_____ Ensuite, il a pêché un beau poisson dans la rivière.

_____ D'abord, il a sorti sa canne à pêche de la voiture.

_____ Ensuite, il s'est couché dans son sac de couchage.

14 Avant de partir   Qu'est-ce qu'Armand a fait avant de partir faire du camping?

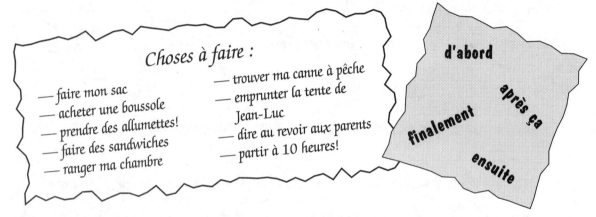

Choses à faire :

— faire mon sac
— acheter une boussole
— prendre des allumettes!
— faire des sandwiches
— ranger ma chambre

— trouver ma canne à pêche
— emprunter la tente de Jean-Luc
— dire au revoir aux parents
— partir à 10 heures!

d'abord
après ça
finalement
ensuite

Armand est parti faire du camping à dix heures samedi matin. Avant de partir, il a fait beaucoup de choses.

_____

_____

_____

_____

15 Des vacances canadiennes   Elodie raconte à Max ce qu'elle faisait quand elle allait au parc de la Jacques-Cartier. Complète son récit en utilisant des verbes appropriés à l'imparfait.

avoir   pêcher

faire   être

passer   entendre

manger   se baigner

Quand je (j') _____ petite, on _____ toujours des vacances au parc. Il y _____ plein d'animaux : des ours, des mouffettes, des orignaux... Le temps _____ toujours super! Il n'y _____ jamais de nuages. La rivière Jacques-Cartier _____ pleine de poissons. Je (j') _____ du canotage tous les jours et je (j') _____ dans un petit lac. Mon père _____ des truites et nous les _____ à midi. Ce (C') _____ absolument génial!!

16 L'aventure de Marguerite

Your friend Marguerite wrote you to tell you what happened to her recently. Read her letter. Then, write to Emmanuel and summarize Marguerite's adventure. Use the **passé composé** and the **imparfait** when necessary.

Salut!

Tu ne devineras jamais ce qui m'est arrivé! Lundi, je sors de l'école à 5 heures, comme d'habitude. Comme il fait beau, je décide d'aller voir mes grands-parents qui habitent à côté du parc. Je traverse le parc tranquillement. Il n'y a personne, ni devant ni derrière moi. Tout d'un coup, j'entends un bruit dans la fôret, à gauche de la route. Je m'arrête, je regarde; il n'y a rien. Je recommence à marcher, mais j'entends un autre bruit. Cette fois-ci, il est très proche de moi. Je regarde sur ma gauche et je vois un ours énorme

qui me regarde! Il mesure au moins deux mètres et il n'a pas l'air content du tout! A côté de lui, il y a deux petits oursons qui me regardent aussi. Comme je ne sais pas quoi faire et que j'ai très peur, je recommence à marcher très lentement d'abord, puis de plus en plus vite. Quand je suis assez loin de l'animal, je me mets à courir. Je n'ai jamais couru aussi vite de ma vie! Voilà. C'est quelque chose de vivre en pleine nature, non?

Grosses bises et à bientôt.

Marguerite 2

_____

_____

_____

_____

_____

_____

_____

_____

_____

_____

_____

_____

_____

_____

_____

HRW material copyrighted under notice appearing earlier in this work.

17 Des vacances en Europe Jules est un jeune Canadien qui a passé ses dernières vacances en Suisse. Il les raconte à son amie Caroline dans une lettre. Imagine ce qu'il a écrit en t'aidant des photos qu'il a envoyées à Caroline. Utilise le passé composé et l'imparfait.

■ LISONS!

18 Le parc Bellevue Read the following notes about various activities offered in this Canadian park and answer the questions that follow in English.

LA CASCADE
Randonnées pédestres

- Vue superbe de la cascade des trois canards
- Habitat d'orignaux et de mouffettes
- Milieu forestier en régénération (Interdiction de quitter les sentiers)
- Parcours facile
- Durée : une heure

LA RIVIERE JOYEUSE
Rafting ▪ Canotage

- Circuit de rafting sur 20 km. (Non recommandé aux débutants!)
- Vue inoubliable sur la taïga
- Habitat de loups

LE LAC AUX TRUITES
Canotage ▪ Pêche

- Idéal pour les amateurs de sports aquatiques
- Pêche à la truite et au saumon
- Flore et faune variées
- Camping aux emplacements indiqués (Feux de camp interdits)
- Tables de pique-nique

LE MONT JOLI
Randonnées en raquettes

- Mont enneigé toute l'année
- Altitude : 1000 m
- Flore et faune variées
- Panorama sur la Rivière joyeuse
- Parcours de difficulté moyenne
- Durée : une demi-journée

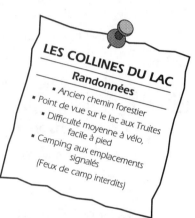

LES COLLINES DU LAC
Randonnées

- Ancien chemin forestier
- Point de vue sur le lac aux Truites
- Difficulté moyenne à vélo, facile à pied
- Camping aux emplacements signalés (Feux de camp interdits)

1. Where should you go if you . . .

	cascade	lac aux Truites	Rivière joyeuse	Mont joli	collines du lac
like mountain biking?					
like fishing?					
like canoeing?					
want to go for a hike?					
want to spend the night?					
like snowshoeing?					
want to see animals?					

2. What are the restrictions at these various sites?

_____

_____

3. Why do you think there are such restrictions?

_____

_____

■ PANORAMA CULTUREL

19 La nature québécoise   Tell whether the following statements are **a) true** or **b) false** and correct the false statements.

_____   **1. Draveurs** were trappers who came to Quebec after Jacques Cartier mapped the area.

_____

_____   **2.** Jacques Cartier claimed the territory of Canada for the French crown.

_____

_____   **3. La Semaine Verte** is a Canadian television program devoted to environmental issues.

_____

_____   **4.** There is less and less concern for ecology in Canada.

_____

_____   **5.** Part of the boreal forest is in Quebec.

_____

20 Le français québécois   Your French visitor doesn't understand the following questions your Québécois friends are asking him. Repeat the questions, substituting words he will recognize.

1. Tu veux un chien chaud?

_____

2. Qu'est-ce que tu vas faire cette fin de semaine?

_____

3. Tu as déjà soupé?

_____

4. Tu sais qu'il faut toujours s'arrêter à l'arrêt?

_____

5. Et comme breuvage, qu'est-ce que tu veux?

_____

6. Tu aimes le blé d'Inde, toi?

_____

■ MON JOURNAL

Describe the ideal friend. Mention his or her character, personality, interests, and appearance. Include something about his or her family.

_____

_____

_____

_____

_____

_____

_____

_____

_____

_____

_____

_____

_____

_____

_____

_____

_____

_____

_____

_____

_____

_____

_____

_____

_____

_____

_____

_____

■ MON JOURNAL

Select one of these topics to write about.

1. Describe the house you'd like to be living in 20 years from now. Tell why you'd like such a house. Add magazine pictures to illustrate your journal if you wish.

2. What is the perfect neighborhood or town like? Make a map of this town, describe it, and tell why you like it. Add magazine illustrations to your description if you like.

CHAPITRE 2 Mon journal

HRW material copyrighted under notice appearing earlier in this work.

■ MON JOURNAL

Describe your favorite restaurant (real or imaginary) and tell what you usually eat when you go there. Tell who you go with and on what occasions.

_____

_____

_____

_____

_____

_____

_____

_____

_____

_____

_____

_____

_____

_____

_____

_____

_____

_____

_____

_____

_____

_____

_____

_____

_____

_____

_____

CHAPITRE 3 Mon journal

■ MON JOURNAL

Write about a city, town, or state. Tell where it is, how large or small it is, and what there is to see and do there. Also tell what you particularly like and dislike about it.

_____

_____

_____

_____

_____

_____

_____

_____

_____

_____

_____

_____

_____

_____

_____

_____

_____

_____

_____

_____

_____

_____

_____

_____

_____

_____

_____

_____

_____

■ MON JOURNAL

You're applying to be an exchange student. In your interview, you know the interviewer is going to ask you about the subjects you're taking, the subjects you consider your strongest and weakest, and the classes you enjoy and dislike. He or she may also ask if you complete assignments on time and are usually on time for class. Practice your answer by writing a short essay in your journal.

■ MON JOURNAL

Imagine you've just returned from a trip to the Loire Valley. What did you do and see while you were there? What did you enjoy most and least about your trip?

_____

_____

_____

_____

_____

_____

_____

_____

_____

_____

_____

_____

_____

_____

_____

_____

_____

_____

_____

_____

_____

_____

_____

_____

_____

CHAPITRE 6 Mon journal

■ MON JOURNAL

Imagine you've become a world-class athlete. Describe the activity you participate in, your training routine, and your eating habits.

_____
_____
_____
_____
_____
_____
_____
_____
_____
_____
_____
_____
_____
_____
_____
_____
_____
_____
_____
_____
_____
_____
_____
_____
_____
_____
_____
_____
_____

◼ MON JOURNAL

Choisis un de ces sujets :

1. Est-ce que tu préfères habiter dans une grande ville ou dans un petit village? Pourquoi?

2. Est-ce que ta vie était différente l'été dernier? Si oui, comment? Est-ce que tu dormais tard? Qu'est-ce que tu faisais pour t'amuser?

_____
_____
_____
_____
_____
_____
_____
_____
_____
_____
_____
_____
_____
_____
_____
_____
_____
_____
_____
_____
_____
_____
_____
_____
_____

CHAPITRE 8 Mon journal

■ MON JOURNAL

Select one of these journal topics to write about.

1. Have you ever experienced a natural disaster: earthquake **(un tremblement de terre)**, tornado **(une tornade)**, hurricane **(un ouragan)**, avalanche **(une avalanche)**? Tell about it. Where were you? What were you doing? What happened?

2. Tell about a real or imaginary day when you felt a variety of emotions. Order the events of the day, using words like **d'abord, ensuite, après,** and so on.

_____
_____
_____
_____
_____
_____
_____
_____
_____
_____
_____
_____
_____
_____
_____
_____
_____
_____
_____
_____
_____
_____
_____

Allez, viens! Level 2, Chapter 9   Practice and Activity Book **153**

CHAPITRE 9 Mon journal

■ MON JOURNAL

Select one of these topics to write about.

1. Tell about the best or worst party you've ever been to. How were you invited? Who organized it? Where was it held? What food was served? What did you do there? Write about an imaginary party if you wish.

2. Describe an argument (real or imaginary) that you've had. Tell with whom you argued, why, and how you resolved it.

_____

_____

_____

_____

_____

_____

_____

_____

_____

_____

_____

_____

_____

_____

_____

_____

_____

_____

_____

_____

_____

_____

_____

_____

_____

_____

_____

_____

_____

■ MON JOURNAL

Choisis un des sujets suivants :

1. Quel média est-ce que tu préfères : les films, les livres, les magazines, la télé? Parle un peu de tes habitudes avec les médias que tu aimes.

2. Est-ce que tu as déjà lu un livre qui a été fait en film? Lequel? Est-ce que tu as vu le film? Qu'est-ce que tu aimes mieux, le film ou le livre? Pourquoi?

_____

_____

_____

_____

_____

_____

_____

_____

_____

_____

_____

_____

_____

_____

_____

_____

_____

_____

_____

_____

_____

_____

_____

_____

_____

CHAPITRE 11 Mon journal

Nom_____ Classe_____ Date_____

■ MON JOURNAL

Raconte une expérience réelle ou imaginaire dans la nature. Parle des animaux que tu as vus, de ce que tu as fait, du temps qu'il faisait, et décris l'endroit où tu étais.

_____
_____
_____
_____
_____
_____
_____
_____
_____
_____
_____
_____
_____
_____
_____
_____
_____
_____
_____
_____
_____
_____
_____
_____
_____
_____
_____
_____